www.tredition.de

AF202546

Lorenzo Scibetta

www.tredition.de

Verlag und Druck: tredition GmbH, Halenreie 40-44, 22359 Hamburg

ISBN
Paperback: 978-3-347-12964-1
Hardcover: 978-3-347-13358-7
e-Book: 978-3-347-12965-8

Leadermacher

Ein kleiner See mitten im Nirgendwo wird zum Wendepunkt im Leben von Marie, einer jungen Führungskraft, die stets in Eile ist und versucht ihren und den Erwartungen anderer gerecht zu werden. Eigentlich will sie nur kurz die Strapazen des Tages abschütteln, doch dann entdeckt sie eine alte hölzerne Bank, einen wunderschönen idyllischen See und die Reise zu sich und ihrem Sein.

Über den Autor

Im Alter von 23 Jahren wurde Lorenzo Scibetta bereits als Führungskraft in einem der größten DAX Unternehmen der Telekommunikation- und Energiebranche eingesetzt, hatte Verantwortung für 120 Mitarbeiter, eröffnete in Deutschland erfolgreich mehr als 250 Fachhandelsgeschäfte und begleitete mehr als 300 Menschen in eine erfolgreiche Selbstständigkeit.

Als der Leadermacher und einer der polarisierendsten, nahbaren und berührendsten Public Speaker im DACH Raum konnte er bereits mehr als 16.000 Menschen in seinen Seminaren und Vorträgen zu Leadermachern entwickeln und begleiten.

Lorenzo Scibetta gibt Leadermacher das Gesicht der wirkungsvollen und emotionalen Art des Public Speaking und Leadership. Zahlreiche Wirtschaftsverbände, DAX Unternehmen und Berater vertrauen seiner Expertise.

Bekannte Zeitschriften und Magazine, sowie zahlreiche Radiosender berichteten über seinen einzigartigen und fulminanten Aufstieg. Mehrere renommierte Veranstalter nominierten ihn zum Top Speaker 2018, 2019 und 2020. Als einer der wenigen Speaker und Autoren hat es Lorenzo in kürzester Zeit auf die bekanntesten Bühne Deutschlands geschafft, unter anderem sprach er mit einem inspirierenden und bewegenden Vortrag mehrmals bei Greator und wurde zum Top Experten im Bereich emotional Leadership 2018, 2019 und 2020 ernannt.

LORENZO SCIBETTA

LEAD LIKE ROCKSTARS

Das Geheimnis großer Anführer

Mit Illustrationen von
Kim Weber

Danksagung

Für Alessia, Sarah und Giovanni

Für Kathrin - Danke für den
festen Glauben und
das Mitwirken an diesem Buch

Für Beate - Danke für dein Vertrauen und
deine Unterstützung

Mache dein Leben zu deinem Lieblingssong und du wirst jeden Tag tanzen und singen.

...und dann bringe Menschen dazu ihren Lieblingssong zu komponieren, damit gemeinsam getanzt und gesungen wird.

Lorenzo Scibetta

Vorwort

Schon mal in einer Lebens-Sackgasse gelandet? Falscher Job, falsche Beziehung, falsche Entscheidung. Doofes Gefühl, wenn es nicht mehr weitergeht, oder? Wenn man sich eingestehen muss: „Falsch abgebogen. Ich muss umdrehen." Vor allem wo man doch brav alle Regeln befolgt, eigentlich alles richtig gemacht hat und trotzdem irgendwie gescheitert ist. „Wie konnte mir das passieren?" Ja, gute Frage: Wie?

Die Antwort mag überraschen: Eben weil man alles richtig gemacht hat! Denn es ist ein riesiger Unterschied, die Dinge richtig zu tun oder die richtigen Dinge: Was für den einen stimmen mag, ist für den anderen falsch. Es geht im Leben nicht um Ziele, sondern um die richtigen Ziele, um Ziele, die zum einzelnen gut passen: in Beziehung, Job, Familie, Umfeld, Gesundheit, Persönlichkeit, ach, in allen wichtigen Lebensbereichen. Denn jeder Mensch ist unterschiedlich. Jeder hat seine ganz eigenen Stärken, Bedürfnisse, Interessen, Ziele, Werte und natürlich auch Macken. Diese zu erkennen, anzuerkennen und zu beachten, ist die große Kunst.

Wer das nicht versteht, landet zwangsläufig immer wieder in Sackgassen, da er sich an die Regeln anderer hält: Kollegen, Schule, Freunde, Familie, Konventionen. Viele meinen es ja gut und raten scheinbar kluge Dinge – passend für sie selbst, für ihr Leben, ihre Bedürfnisse, ihren Berufsweg. Doch leider nicht passend für andere: Sollte ein Fisch zu klettern lernen wollen, weil sein Freund der Affe ihm das rät? Sollte eine Ameise fliegen wollen und eine Amsel Staaten bilden? Natürlich nicht. Dennoch verhalten wir uns genau so, wenn wir blind die Dinge tun, die „man eben so tut": Wir stellen die Leiter ans falsche Gebäude. (Oder Schlafzimmerfenster.) Und dann tut es halt hin und wieder weh. Hallo Sackgasse!

Doch wie seinen Weg finden? Wie auf das eigene Herz hören? Wie das Richtige vom Falschen unterscheiden? Auch Lorenzo Scibetta kennt Sackgassen aus eigener schmerzhafter Erfahrung. Vor allem aber hat er gelernt, wie man sie rechtzeitig erkennt und vermeidet: Durch den ganz eigenen, persönlich richtigen Lebensweg, dank einem Kompass tief innen drin, der treffsicherer die Richtung anzeigt als es äußere Karten je könnten. Und genau diesen Kompass hast auch du, wetten? Und du kannst ihn finden: mit genau diesem Buch, das du gerade in den Händen hältst.

Ich wünsche dir viel Spaß, innere Klärung und Richtung mit einem Buch, das dein Leben verändern kann.

Danke für deine großartige Arbeit, Lorenzo!

Herzlich
Stefan Frädrich
Gründer Greator GmbH, Autor, Speaker

1 Auf einer braunen Holzbank mit zwei wunderschön geschwungenen eisenförmigen Armlehnen an einem See sitzt ein Mann, Mitte 70. Er trägt einen schwarzen Mantel, eine Jeans und braune Schuhe. Für sein Alter ist er gut gebaut. Tiefe Lachfalten um seine Augen lassen darauf schließen, dass er scheinbar viele schöne Dinge erlebt hat. Seine Augen sind braun, seine Haut ist sehr glatt, seine Haare grau, frech gekämmt und er wirkt jünger als er vermutlich ist.

Die Luft ist rau, es ist ein Herbstnachmittag.

Stell dir vor, es ist bewölkt und du siehst diese Bank mitten im bunten Blättermeer, schaust diesem strahlenden Mann ins Gesicht: Wie geht es dir wohl in genau diesem Moment, wenn sein Lächeln in dir ein gutes wohliges und warmes Gefühl auslöst, obwohl dir dieser Tag so trüb erscheint?

Ich stehe nicht weit von dieser Bank und dem See entfernt und es fühlt sich wunderbar, irgendwie unwirklich und auch etwas befremdlich an. Eine unerklärliche Magie zieht mich zu dieser Bank, die ausreichend Platz für 4 Personen bietet und ich frage: „Darf ich mich zu Ihnen setzen?"

Von Weitem ist ein leises Rufen zu hören: „Opaaaaaa." Dann tönt es immer lauter, eine Kinderstimme, die fast wie Musik in meinen Ohren klingt. „Opa, Opa, Opaaaaaa ..." Ein Mädchen, vielleicht 6 Jahre alt, mit braunen langen

Haaren und braunen Knopfaugen springt auf den Mann zu. Ich kann den Windzug bei der heftigen und sehr liebevollen Umarmung spüren. Das Kind hat genau das gleiche freundliche Lächeln im Gesicht, wie ihr Opa. Von der Ferne kommt eine Frau auf uns zu, ebenfalls wunderschön. Sie könnte die Mutter des Kindes sein. Obwohl sie bereits älter ist, scheint sie wie ein kleiner Wildfang. Sie wirkt etwas frech und lächelt ebenfalls glücklich. Dann erscheint eine weitere Frau. Sie scheint im Alter des älteren Mannes zu sein. Auch sie hat eine glatte Haut, schulterlanges Haar und strahlt ebenfalls über das ganze Gesicht. Mit ihrem beigefarbenen Mantel, einer dunklen Leinenhose und Turnschuhen wirkt sie sportlich gekleidet. Liebevoll küsst sie den Mann auf der Bank.

Ich stehe auf, mir ist das alles zu viel Glück, Freude und Liebe. Ich merke, wie mich diese gute Laune zurückwirft. Schon lange habe ich selbst nicht mehr solch eine Wärme gespürt. Es nimmt mir fast den Atem. Dieses Glück lässt in mir Neid aufkommen. Ich stehe auf und möchte gehen, --- ---- doch plötzlich spüre ich eine kleine warme Hand in meiner. Das 6jährige braunhaarige Mädchen zieht mich mit ihrem kindlichen Charme direkt zurück auf die Bank. Sie sagt: „Hier ist doch genug Platz für dich, du musst nicht gehen." Ich überlege kurz, doch kann nicht widerstehen. Und plötzlich stellt sie mir ganz viele Fragen, die wie ein Hagelschlag auf mich einprasseln: „Wer bist du? Wie heißt du? Wo wohnst du? Woher kennst du meinen Opa? Warum willst du schon gehen?"

Ich bin sichtlich überfordert mit all diesen Fragen und spüre seltsamerweise einen Sog – hin zu diesen mir unbekannten Menschen. Noch nie zuvor hatte ich so etwas gespürt, doch es fühlte sich gut an. Daher beschloss ich entgegen meinen eigentlichen Plänen, ihr alle Fragen zu beantworten.

Ich frage mich gerade, warum ich dem Drängen des Mädchens nachgegeben habe, ich wollte doch gehen. Aber ich konnte ihr einfach nicht widerstehen.

Kennst du diesen Moment, wenn du einfach etwas tust und nicht mehr nachdenkst, weil es sich wie Magie anfühlt?

Und genau diese Magie ist hier an diesem See zu spüren, mit dieser Familie, die so viel Glück ausstrahlt, dass es für die ganze Welt reicht und mich wie ein Magnet anzieht. Wohlige Wärme steigt in mir empor und berührt tief mein Herz.

Beharrlich wiederholt die Kleine ihre Fragen. Ich antworte und sie hört mir aufmerksam mit einem Lächeln zu. Nur bei dieser einen Frage:

„Was arbeitest du eigentlich?", schaut mich das kleine Mädchen traurig an.

Ich bin überrascht und will wissen, warum sie plötzlich so traurig ist. Auf meine Frage antwortet sie: „Du siehst auch so unglücklich aus und das möchte ich nicht."

Ich antworte: „Ich arbeite gerne in meinem Job und das muss dich nicht traurig machen." Doch sie bleibt hartnäckig und erwidert: „Nein, das glaube ich dir nicht!"

Ganz schon keck für so eine Kleine, was weiß sie schon vom Arbeitsleben? (... aber viel mehr als ich selbst weiß, wie es sich später herausstellt). Ich frage sie: „Woher willst du das so genau wissen?" „Ich habe ein Foto von meinem Opa gesehen, als er genauso wie du ausgeschaut hat. Er hat mir erzählt, dass er zu diesem Zeitpunkt sehr unglücklich wegen seiner Arbeit war."

Ich schaue auf den strahlenden Opa und denke mir: ‚Dein Opa und unglücklich, dass ich nicht lache.'

Der Mann schaltet sich ein und sagt: „Es mag unvorstellbar sein, junge Frau, aber ich war wirklich eine Zeit lang unglücklich, ziemlich viele Jahre sogar." Ich verspüre plötzlich den Drang in mir, alles wissen zu wollen und frage ihn danach. Doch er antwortet nicht.

„Wenn ich Ihnen alles erzähle, werden Sie es möglicherweise als Irrsinn sehen. Ist die Zeit reif, werden Sie verstehen."

Aber ich will jetzt alles wissen! Genau JETZT! Was ist das für eine Familie? Warum bin ich heute Morgen diesen Weg überhaupt gelaufen? Ich gehe normalerweise nie hier lang und warum fühlt sich plötzlich alles so stimmig an? Ich fühle mich wie ein Magnet angezogen von dieser Familie. Seltsam. So etwas ist mir noch nie passiert.

Der Mann scheint meine Gedanken lesen zu können – was mir fast unheimlich vorkommt. Er sagt: „Ich kann Ihre Ungeduld verstehen, doch den Weg, den ich gegangen bin, kann ich Ihnen nicht einfach so in ein paar Minuten erzählen. Sie würden es sonst nicht verstehen. Ich spüre, dass Sie noch zu viel im Kopf sind, sich selbst möglicherweise im Weg stehen und vielleicht auch Ego, Schuldgefühle und Vertrauen eine große Rolle in Ihrem Leben spielen. Freiheitsgefühle werden erstickt von Ihrem Alltag und Sie haben das Gefühl nie angekommen zu sein, suchen den Sinn in Ihrem Leben. Stimmen Sie mir zu?"

Ich zögere, runzle meine Stirn und verstehe alles und nichts. Es ist so verwirrend, woher weiß dieser Fremde, dass etwas in meinem Leben fehlt. Vielleicht sind es tatsächlich Freiheit und Sinn, ich weiß es selbst nicht. Aber er scheint es sehr genau zu wissen. Und er spricht mit mir in einer Art, die mir das Gefühl gibt wertvoll zu sein.

Seine wenigen Worte lassen mich an Größe gewinnen.

Wir reden und schweigen noch sehr lange, seine Familie ist schon längst gegangen. Mittlerweile ist auch er gegangen, er hat sich mit den Worten verabschiedet: „Wir sehen uns."

Ich rufe verdutzt hinterher: „Wann, wo? Ich kenne Ihren Namen gar nicht, ich heiße Marie, haaaaallllooooo wie heißen Siiiiieee?" Er verschwindet, einfach so, im Nichts.

Was ein Nachmittag - herzlich, verwirrend, einladend, emotional, wertvoll. Ich starre noch lange auf den See. Ich habe gar nicht einmal gewusst, dass hier ein See ist.

Ich höre die Vögel zwitschern, die Blätter rascheln und ein Eichhörnchen huscht mit ein paar Nüssen auf dem Boden hinüber zum nahegelegenen Eichenbaum. Was war das gerade für eine Begegnung, habe ich das geträumt, am hellichten Tag, Ich? Niemals, ich bin keine Träumerin. Ich leite ein Unternehmen, da kann ich mir Träumereien nicht leisten.

Ich laufe nach Hause. Ich kann weder essen, trinken, geschweige denn schlafen. So viele Gedanken kreisen in meinem Kopf: Der andere Weg, den ich heute gegangen bin, die Familie, die so anders ist, als die Menschen, die mir sonst begegnen. Ich habe das Gefühl sie schon ewig zu kennen, diese Herzlichkeit, die diese Familie ausgestrahlt hat, berührt mich tief in meinem Herzen. Und ich gebe zu, sie hat auch in mir einen Funken entfacht.

Ich muss atmen, tief, sehr tief in meinen Bauch, ein und aus.

Ich bin aufgeregt, wann würde ich den mysteriösen, freundlichen, lachenden, weisen Mann wohl wiedersehen?

2   Am nächsten Tag, nach nur wenigen Stunden Schlaf, stehe ich wie gewohnt auf und gehe meiner Morgenroutine nach – freudig auf den Tag – ich spüre, dass ich den Mann heute wiedersehen würde.

Aber was gibt mir diese Sicherheit? Ich kenne ihn gar nicht, was bilde ich mir da bloß ein. Wahrscheinlich habe ich alles geträumt. Im Nu schlägt meine Laune um, meine Mundwinkel ziehen sich nach unten und ich denke, was für ein Trottel ich doch bin, dass ich glaube wertvoll zu sein, was soll so ein Mann, selbst wenn alles in Wirklichkeit passiert ist, schon ändern. Er hat sein Leben schon gelebt.

Ich muss mich vorbereiten – heute muss ich vor dem Firmenvorstand eine wichtige, sehr wichtige Präsentation halten. Es geht um einen wichtigen Kunden, den ich wie meine Westentasche kenne. Nur ICH habe das Know-How wie wir ihn an Land ziehen können. Meinem zwanzigköpfigen Team kann ich das nicht anvertrauen, da hängt viel zu viel dran. Mein gut bezahlter Job, ich muss meine Miete zahlen, will bald in den nächsten Urlaub fliegen und da kann ich meine Sicherheit, meinen Job nicht meinen Mitarbeitern in die Hände legen.

Meine Mitarbeiter sind ok, aber nicht gut genug, sie sind oft krank, lustlos und ich habe ständig Mitarbeitergespräche, die mich so langsam ans Ende eines Nervenzusammenbruches bringen.

Ich bin ungehalten und manchmal auch hart. Mache ich zu viele Zugeständnisse, dann läuft es nicht, sie machen dann, was sie wollen.

Während ich im Büro angekommen bin, habe ich den weisen Mann bereits vergessen und halte meine Präsentation. Ich habe mich diesmal selbst übertroffen. Der Vorstand fängt an kritische Fragen zu stellen – in diesem Moment steigt in mir eine unangenehme Kühle hoch. Ich halte es kaum aus, wie Hagelkörner schlägt es auf mich ein. Kann ich gerade nicht gebrauchen, STOOOOOOOOPPP!!!! Der Vorstand hat wie immer meine ganzen Ideen auseinandergenommen. Heute fühlt es sich jedoch zum 1. Mal nicht so unangenehm an. Warum um alles in der Welt ist das so? Ich stelle nie die Meinung des Vorstandes in Frage.

Er ist mein Arbeitgeber und ich darf mich ihm nicht widersetzen – mein Loft, mein Auto, mein Urlaub – meine Sicherheit sollte ich durch ein diffuses Gefühl nicht aufs Spiel setzen.

Der Kunde sagt zu, ich freue mich, habe ich doch gewusst, dass ich ihn bekomme. Wieso ist nur diese Freude nicht in mir? Ich spüre LEERE, nichts als LEERE. Ich habe doch, was ich wollte.

Nach der Arbeit hat der Alltag mich schnell wieder im Griff und ich vergesse meine Reaktion auf den Vorstand, den Mann, seine Familie und den See.

Auf dem Weg nach Hause, fahre ich wieder nicht den gewohnten Weg, irgendwas drängt mich anders zu fahren. Ich halte an einer Ampel und sehe an einem Kiosk eine Zeitung mit großem Titelbild. Das war der Mann, dem ich begegnet bin, von dem ich dachte, das wäre ein Traum.

Ich muss diese Zeitung haben. Ich spüre ein freudiges, ungewohntes, aufgeregtes Kribbeln, Unruhe, Freude und Aufregung. Meine Beine wippen im Auto unruhig. Ich schalte das Radio ein und singe laut mit, so dass die anderen Autofahrer schon komisch schauen. Was ist nur los mit mir? Die Ampel schaltet auf grün. Ich habe keine Möglichkeit zu wenden, um die Zeitung am Kiosk zu kaufen. Was war das denn? Ich werde einfach am nächsten Supermarkt halten und dort diese Zeitung kaufen.

Angekommen im Supermarkt hetze ich, als ob es kein Halten mehr gäbe, renne Menschen um, schiebe Körbe zu Seite. Ich höre eine Frau schreien: „Hey, passen Sie doch auf!" Völlig außer Atem erreiche ich das Zeitungsregal. Ich suche und suche und finde ... sie nicht. Diese blöde Zeitung mit diesem mysteriösen glücklichen Mann ist nicht da. Ich spüre Enttäuschung und eine Schwere in mir. Er sagte, wir würden uns wiedersehen. Es macht mich rasend nicht zu wissen, wann und wo.

Ich gehe nun jeden Tag der Arbeit nach und am Wochenende gehe ich an den See, voller Hoffnung, ihn wieder zu sehen und warte. Es vergehen Tage und Wochen. Langsam empfinde ich diesen Platz am See als einen sehr angenehmen bekannten Ort, wo ich mich wie zu Hause fühle.

Da sind Vögel mit denen ich zwitschere und sie geben mir Antwort. Das Eichhörnchen füttere ich. Der Herbst geht langsam in den Winter über und es wird frostiger, die Natur verändert sich und aus dem bunten Blätterwald wird eine karge Baumlandschaft. Der See friert zu und ich denke schon gar nicht mehr an den Mann auf der Bank. Es wird mein Alltag an diesen See zu kommen, denn an diesem Ort kann ich vom Alltag abschalten und mich entspannen.

Irgendwie gibt mir der Ort genauso viel Sicherheit wie meine Arbeit. Auf dem Weg nach Hause sehe ich eine Gestalt, die wie aus dem Nichts erscheint. Sie steht einfach da.

Der Mann, er ist wieder da. Er grinst mich an und sagt: „Wir sehen uns, ich sagte es."

Ich frage ihn: „Warum haben Sie so lange auf sich warten lassen?"

„Manchmal brauchen Dinge Zeit

zu reifen."

„Jetzt bin ich da. Sie sehen fragend aus, was kann ich für Sie tun?"

Ich löchere ihn mit all meinen Fragen – erzähle ihm von meinen Reaktionen und meinen Gefühlen, und dass dieser Platz am See zu meinem geworden ist.

„Weshalb tauchen Sie einfach aus dem Nichts in meinem Leben auf? Wieso haben Sie so eine starke Wirkung? Warum strahlen Sie und Ihre Familie soviel Freude aus? Warum überträgt sich das alles auf mich und woher kommt diese Magie?"

Er sagt:

„Menschen folgen Menschen.

Manchmal sind es die Dinge, die wir fühlen, die uns den Weg weisen.

Manchmal haben wir vergessen auf unser Herz zu hören.

Manchmal sind wir vom Alltag, unseren Gedanken und Sorgen verschlungen, dass all das Fühlen nicht möglich ist.

Wir kommen alle auf die Welt mit einem Navigationssystem, es wird irgendwann auf Standby geschaltet."

„Was ist dieses Navigationssystem und wer schaltet es einfach auf Standby?", frage ich mich ungläubig und mit höchster Aufmerksamkeit, gespannt wie ein Bogen kurz vor dem Abschuss des Pfeils, wie ein kleines Kind, was es nicht erwarten kann, sein Lieblingsspielzeug endlich in den Händen zu halten.

Der Mann hält inne und schaut mich an: „Du bist bereit, willkommen in meiner Welt. Ich sehe deine Augen wie sie leuchten, es nicht erwarten zu können. Du bist angekommen. Das freut mich sehr für dich. Ich kann mich noch sehr gut an diesen Moment in meinem Leben erinnern."

Ich runzele die Stirn, er duzt mich und war so warmherzig, ich fühle mich in seiner Gegenwart sooooo geborgen. Ich bin eine gestandene Frau Mitte 30, führe 20 Mitarbeiter und habe ein tolles Leben. Ich dachte, ich weiß alles und jetzt fühle ich, als wüsste ich NICHTS.

Es ist diese Sicherheit, die dieser Mann ausstrahlt, dass alles GUT ist. Aber mir geht es doch gar nicht schlecht. Naja, außer die komischen Gefühle beim Vorstand und in meiner Rolle als Führungskraft.

Auf der Arbeit sagen sie, ich habe mich verändert. Ich hinterfrage nicht, was sie damit meinen. Ich spreche doch nicht mit meinen Mitarbeitern über meine Gefühle, dann verlieren sie den Respekt, den sie mir gegenüber haben müssen. Was denkt der Vorstand dann über mich, wenn ich so ein Emotionstier werde, das seine Schwächen offen zugibt.

Hier an diesem Ort mit diesem Mann fühle ich mich unwissend und gut aufgehoben zugleich. Er gibt mir das Gefühl mich wertvoll zu fühlen. Doch was ist eigentlich wertvoll für mich?

Er ist schon wieder schneller als ich und diesmal kommt es mir schon gar nicht mehr seltsam vor, als er mich fragt: „Mädchen, was sind deine Werte?" Ich denke mir, Werte, Werte, Werte, das haben wir im Unternehmen aufgelistet und ich zähle ihm ein paar Werte ganz rational auf.

Der Mann schweigt. Ich denke. Er schweigt. Ich denke. ... Das geht einen gefühlt endlosen Moment so weiter, doch

je mehr er schweigt,

höre ich auf zu denken und

ich fange an zu spüren.

Es ist die Stille, die meinen Fokus auf mich lenkt. Ich tauche ein, nach innen – meine Sinne schalten sich für einen Moment aus, meine Wahrnehmung ist voll nach innen gerichtet. Es folgen ein Impuls und ein warmes Gefühl im Brustkorb. Wie ein Sprung vom Kopf ins Herz. Das passiert übergangslos und macht mich sprachlos für einen Moment und je mehr dieser gutaussehende Mann mit den braunen lachenden Augen schweigt, umso mehr komme ich ins Fühlen. Als würde er eine unsichtbare Magie auf mich ausüben.

Ich höre plötzlich ein TOCK TOCK – (Pause) – TOCK TOCK – (Pause) Bumm - TOCK TOCK –

Bumm – es folgt ein Rhythmus und ich steige ein, klatsche im Rhythmus mit. Ich habe nicht bemerkt, dass der Mann einen Regenschirm bei sich trägt und das TOCK TOCK mit dem Schirm veranstaltet. Das Bumm kommt mit dem aufstampfenden Fuß. Ich war so im Spüren, dass ich ohne Denken in den Rhythmus einsteige.

Das fühlt sich so lebendig und sooooo gut an. Ich wusste gar nicht, dass ich Rhythmus im Blut habe. Mein Blut gerät in Wallung und ich bin aufgeregt wie ein Kind, was stundenlang mit seinem Lieblingsspielzeug spielt und immer wieder neue Dinge entdeckt. Mein Atem wird stärker und wir laufen einen Moment lang schweigend nebeneinander her.

Erst jetzt bemerke ich, dass der Mann etwas auf dem Rücken trägt und mir fällt erneut auf, dass er für sein Alter recht gut gebaut ist, stark und voll in seiner Kraft. Ich frage ihn: „Was tragen Sie auf dem Rücken?" Er antwortet: „Was glaubst du?"

Ich frage mich, warum er mir nicht einfach mal eine normale Antwort geben kann. Spreche es aber nicht aus, weil ich es ihm gegenüber unhöflich finde. Aber wie du es dir sicher denken kannst, hat er wieder mal in meinen Gedanken lesen können und sagt:

„Nicht immer ist es wichtig zu wissen, was etwas ist, sondern viel mehr, was du darin siehst."

Ok. Ich schaue mir das Ding an und denke mir, ein Instrument, und in diesem Moment ganz plötzlich, fange ich an, mir Dinge vorzustellen, sie schießen mir einfach so in den Kopf. Es ist Wahnsinn und wunderbar zu gleich.

Die Klänge eines Schlagzeuges strömen auf mich ein. Wie ich davor sitze und es spiele, als ob ich nichts anderes tun würde und rocke das Stadion. Ich begeistere das Publikum. Mein Verstand setzt aus, denn dieser Mann hätte niemals ein Schlagzeug auf dem Rücken getragen. Das ist aber irgendwie nicht mehr wichtig. Mich nicht unter Kontrolle zu haben, mein Sicherheitsdenken und meinen Verstand dem Träumen fließend zu übergeben, fühlt sich neu an. Mein Herz erwärmt sich, fängt schneller an zu klopfen und überall kribbelt es in meinem Körper. Ich als gestandene Führungskraft, kann das nicht zulassen ... doch ich kann es, genau JETZT. Wow. Was für ein Gefühl.

Als ich wieder bei Sinnen bin, steht der Mann mir strahlend gegenüber, als ob er mein Glück spürt, grinst er über beide Wangen, ein breit gezogenes Lächeln in seinem Gesicht. Seine Lachfalten an den Augen ziehen sich zusammen. Ich erinnere mich an seine Enkelin, ganz plötzlich, als ich ihr von meinem Job erzählte und sie traurig schaute. Jetzt überschäumend vor Glück, denke ich ... (Und natürlich spricht der weise Mann es aus bevor ich etwas sagen kann: „Du hast es gefunden, das Glück, dein Strahlen, hast dein Navigationssystem wieder eingeschaltet und ich gebe dir einen Rat...“ – Doch er pausiert, es ist eine lange Pause und er schaut mir während dieser gefühlt endlosen und unaushaltbaren Stille tief in die Augen, endlich spricht er weiter:

„Meine Liebe, halte nichts von diesem Glück fest, denn dann wirst du es verlieren.“

Wieder Stille ------------------------

„Erlebe es einfach und genieße, spüre, nimm wahr, jeden einzelnen Moment.“

Jedes seiner Worte hallt lange nach und gibt mir eine Sicherheit, die ich nie zuvor gespürt habe. Ich fühle mich wie neu geboren. Ich freue mich und habe Angst zugleich. Wenn ich das Glück, dieses wundervolle Gefühl nicht festhalten kann, wie werde ich mich je wieder so gut fühlen?

Wie du dir denken kannst, spürt er meine Angst. Er sagt: „Ich kenne diese Angst, die du hast. Wir

Menschen denken immer, uns gehört etwas, und dann haben wir Angst, es zu verlieren."

„Bist du dir bewusst, dass wenn dir nichts gehört, du der reichste Mensch auf der Welt bist und plötzlich hast du alles."

Ich verstehe nicht ganz, was er sagt. Wenn mir nichts gehört, bin ich reich? Das verstehe ich nicht. Plötzlich kommt mir ein Gedanke: Was wäre, wenn ich vom Verstand ins Herz gehe, vielleicht finde ich dort meine Antworten.

Diesmal, es war kurios, verabschiede ich mich zuerst mit den Worten: „Wir sehen uns." Er hat ein breites Lächeln auf seinen Lippen, was sich auf meine Lippen überträgt. Ich laufe beschwingt nach Hause. Der Weg ist lang, sehr lang, und immer wieder gehen mir seine Worte durch Kopf und Herz, sie hinterlassen Spuren. Seine Worte setzen sich fest, je öfter ich sie wiederhole. Ich habe die Worte nur einmal gehört und habe das Gefühl sie gehören bereits zu mir und sind tief verankert.

3 Es vergehen viele Tage und Wochen bis der Frühling Einzug hält. Die ersten Krokusse sprießen aus dem Boden, die Menschen sind fröhlicher. Raus aus den grauen Tagen, hinein in den blühenden Frühling. Im Park war ich schon lange nicht mehr. Ich frage mich, was der Mann auf dem Rücken trug.

Ich lache jedes Mal bei dem Gedanken, dass ich ein ganzes Stadion mit einem Schlagzeug in ein rockiges Umfeld verwandelt habe. Diese Vorstellung zaubert mir ein Lächeln auf meine Lippen. Immer wieder habe ich seitdem Hinweise bekommen.

So habe ich z. B. einen alten Freund getroffen, der Schlagzeuger ist und du wirst es nicht glauben, ich habe auch schon Schlagzeug gespielt. Meine Mitarbeiter sagen ich hätte mich verändert. Ich lasse mir nichts anmerken und gehe nicht darauf ein. Ich kann nicht mit meinen Mitarbeitern über Gefühle sprechen.

Es vergehen weitere Monate, und wir haben erneut Herbst. Ein Jahr ist es nun schon her, als ich dem weisen Mann und seiner Familie begegnet bin. Ich gehe wieder an den See und nehme ihn ganz anders wahr als vor einem Jahr.

Und ich kann es fast nicht glauben, aber er ist da. Ich erkenne ihn von Weitem. Ich rufe: „Halloooooo und winke wie wild mit den Armen. Meine Beine berühren kaum den Boden, so schnell laufe ich, fast wie vor einem Jahr seine Enkeltochter.

Was hat sich verändert? Können Worte so viel ändern, kann ein Mensch allein mit seiner Anwesenheit, so viel verändern? Genauso stand ich außer Puste mit fragendem Blick vor ihm und du kannst es dir denken, er weiß schon, bevor ich es ausspreche, was ich denke.

Er begrüßt mich mit einer herzlichen Umarmung. Ich spüre etwas, eine Wärme, die durch meine Oberarme fließt und sich bis in mein Herz ausbreitet. Es fühlt sich erfüllend an. Ich bin erfüllt.

Er spricht zuerst:

„Manchmal finden wir keine Worte, die das ausdrücken, was wir empfinden und je weniger wir uns Druck machen, die Worte dafür zu finden, umso mehr können wir die Emotionen genießen und sind offen für Antworten. Manchmal sind es die Dinge, die wir nicht erwarten, die uns wieder zu uns selbst führen. Manchmal sind es die Momente, in denen wir mit den richtigen Menschen am richtigen Ort zusammentreffen, die unser ganzes Leben umkrempeln und uns nach Hause bringen, nach Hause, zu uns selbst.“

Ich verstehe jedes Wort und habe kein Bedürfnis zu sprechen. Ich fühle mich erfüllt, dankbar und sage: „Danke." Er antwortet: „Für was genau?" Ich antworte: „Danke für Ihr Sein."

Er schaut zufrieden und lächelt: „Ich bin dir noch eine Antwort schuldig." Ich schaue fragend. „Du wolltest an diesem einen Tag wissen, was ich auf meinem Rücken trug. Möchtest du es immer noch wissen?" Ich war verwundert, dass nichts in mir drängt, denn ich hatte damals diesen überschäumenden Gedanken vom Schlagzeugspieler, der das Stadion eroberte. Dennoch kam meine Neugier auf. „Was war es?", frage ich.

Bevor ich dir das sage und was es damit auf sich hat, sage mir, was du gesehen hast? Ich erzählte ihm die ganze Geschichte rund um das Schlagzeug, dem Stadion, dem begeisterten Publikum und dass ich Unterricht genommen habe und mittlerweile gar nicht schlecht spiele.

Er lächelt wie immer und teilt meine Freude auf eine ganz besondere einzigartige Weise. Ich frage ihn: „Was hatten Sie auf dem Rücken getragen?"

Er antwortet: „Ich glaube zunächst wird es jetzt auch Zeit für ein „Du"!"

„Es war eine Gitarre." „Warum hattest du eine Gitarre bei dir?" – „Das erzähle ich dir ein anderes Mal."

Ich reagiere anders als sonst, merke eine Veränderung. Ich bin bei mir. Ich vertraue und weiß, dass er immer den richtigen Moment findet, für seine Worte. Dieser Moment scheint gerade nicht der richtige zu sein und ich respektiere es. Ich habe Geduld in all der Zeit gewonnen.

4 Ich fahre durch die Stadt und finde ein schönes Plätzchen in einem Café. Ein sonniger Platz an einem lauen Samstagmorgen. Der Duft von Kaffee und frischen Croissants zieht durch die Luft und verstärkt meinen Hunger. Mein Magen knurrt. Ich schaue auf den Platz neben mir. Ein Mann mit blauen Augen, nicht einfach nur blaue Augen, sie haben dieses Strahlen von einem zufriedenen Menschen. Sein schwarzes Haar und sein gepflegtes Äußere toppen noch seine Wirkung. „Darf ich vorstellen, mein Mann Jacques." Ich schmelze glücklich dahin, bin gedankenverloren in seinen Augen. Darüber hinaus spüre ich auch Traurigkeit in mir und frage mich wieso kann ich diese Unbeschwertheit nicht selbst erleben.

Ein lebendiges Gespräch vom Nachbartisch reißt mich aus meinem Moment. Mutter und Tochter scheinen sich blind zu verstehen. Ich erfreue mich an der Lebendigkeit und lache mit. Bei genauerem Hinsehen erkenne ich die Tochter und Enkelin des Mannes, dem ich schon jahrelang nicht mehr begegnet bin. Beide immer noch wunderschön, südländisch, braune lange Haare und braune Augen. Ich beginne ein Gespräch und frage nach dem Mann. Sie sagen, er würde gleich da sein. Wenige Minuten später steht der weise Mann neben mir. Der Mann, der mich aufgeweckt hat, endlich zu leben.

Ich stelle ihm meinen Mann vor, wir rücken die Tische zusammen. Es folgt ein ausgiebiges langes wundervolles Frühstück, gefüllt mit gutem Essen und Worten, die sich tief in mir verankern.

Ich gehe mit dem weisen Mann spazieren und er fragt mich: „Marie, wie geht es dir?" Während ich rede, bemerke ich, wie sich sein Gesicht zu einer ernsten Miene verändert. Ich unterbreche mich selbst und halte inne, frage ihn: „Was ist los?" Er antwortet: „Ich fühle gerade mit dir, meine Liebe, als ob ich gerade meine Vergangenheit durchlebe." Ich schaue ihn fragend an: „Was genau meinst du damit?"

Wir setzen uns und er fängt an zu erzählen: „Bis zu meinem fünften Lebensjahr habe ich keinen Ton gesprochen, hatte jeden Psychologen gesehen. Meine Selbstgespräche hatte ich auf Papier niedergeschrieben."

Es folgt eine endlos lange Pause.

Der Mann sieht sehr traurig aus. Er setzt fort: „Mit 8 Jahren fragte mich mein Vater, ob ich Gitarre oder Fußball spielen lernen möchte. Für beides hatten wir damals kein Geld. Ich entschied mich für die Gitarre und brachte mir ein halbes Jahr lang selbst alles bei, dann spielte ich in der Schulband mit.

Im Musikunterricht stand ich immer ganz vorne. Singen bereitete mir immer einen Riesenspaß. Jede Stunde stellte mich die Lehrerin um, immer weiter nach hinten. Ich dachte mir nicht viel dabei, der Spaß am Singen war zu groß, um mir Gedanken zu machen. Dann sagte sie mir, ich sollte nicht so laut singen, und ich folgte ihren Worten bis ich dann gar nicht mehr singen durfte. Das machte mich sehr traurig und riss eine Wunde in mein Leben. Ich dachte, wenn ich nicht singen kann, dann lass ich es und werde nie wieder singen.

Dann bekamen wir einen neuen Musiklehrer. Ich traute mich kaum, einen Ton zu singen, ich wollte es doch nie wieder tun. Bis ich dann eines Tages all meinen Mut zusammen nahm und anfing meine Stimme zu zeigen. Er war begeistert und lobte meine Stimme. Ich erzählte ihm von der Lehrerin. Er sagte: „Du hast eine einzigartige Stimme, die sich überall abhebt und deshalb konnte deine Musiklehrerin auch nichts mit dir anfangen." Seit diesem Zeitpunkt sang ich Soloeinlagen im Schulchor und war sehr glücklich damit."

Er wandte sich mir zu, schaute auf, sein Strahlen war wieder da, und sagte weise:

„Eines Tages wirst du dir selbst danken, dass du nicht aufgegeben hast.

**Nicht die Hoffnung macht uns stark,
der Glaube in etwas macht uns stark!"**

Und er sagte noch etwas, das ich nicht gleich verstand:

„Erzähle deine Geschichte, auch wenn es die Vergangenheit nicht verändert. Doch das Erzählen deiner Geschichte verändert dich und dein Umfeld. Jede Geschichte hat ihre Botschaft."

Ich merke wie der Mann müde wird, die Dämmerung zieht auch schon über die Stadt, die Straßenlichter sind bereits angeschaltet. Ein hupender weißer Van hält neben uns. Seine Familie holt ihn zum Abendessen ab. Mein Mann steigt aus und fragt liebevoll: „Na, hast du die Zeit ganz vergessen?" Wow, ach du meine Güte, wo ist die Zeit nur hin. Sie ist vergangen wie im Fluge, dass ich um mich herum alles vergessen habe. Wie gut, dass ich einen verständnisvollen Mann habe. Im Auto war eine heitere Stimmung, sie fragen, ob sie uns mitnehmen können. Wir lehnen dankend ab, da ich jetzt erstmal einen Spaziergang brauche.

Mein Mann und ich schlendern Hand in Hand glücklich, lachend und auch schweigend durch die Straßen. Er spürt genau, was mir gut tut, ohne viele Fragen und das ist genau das, was ich brauche. Jetzt fällt mir der Satz des Mannes bei einem unserer ersten Treffen ein:

‚Manchmal sind es die Momente, in denen wir mit den richtigen Menschen am richtigen Ort zusammentreffen, die unser ganzes Leben umkrempeln und uns nach Hause bringen, nach Hause zu uns selbst.‘

Es vergehen Wochen und Monate und ich werde schwanger, mein Mann und ich sind überglücklich. Ich bin gerade auf dem Weg zum Bäcker, um unsere Sonntagsbrötchen zu holen. Der Weg ist nicht weit vom See entfernt und ich gehe einen kleinen Umweg. Gedankenversunken setze ich mich träumend auf die Bank und genieße.

Der Gedanke, dass es hier ...

Plötzlich setzt sich jemand neben mich. Es ist der Mann und wir begrüßen uns mit einer herzlich warmen Umarmung. Er fragt: „Was hast du gerade gedacht?" Ich dachte mir, dass weiß er doch bestimmt, er kann doch Gedanken lesen. Das brachte ich aus Höflichkeit aber nicht über die Lippen. Ich sage: „Ich habe gerade gedacht, dass ich mich hier und zu Hause sehr wohl und angekommen fühle, weniger denke, mehr spüre. Auf der Arbeit ist es ganz anders. Da spüre ich mich nicht. Ich kann auch nicht meine Emotionen zeigen, da ich sonst von meinen Mitarbeitern nicht ernst genommen werde."

Er sagt: „Wer sagt, dass das so ist?" Ich war verdutzt, es ist einfach so, Punkt. Ich will Respekt und habe gelernt, dass meine Mitarbeiter ihre Arbeit nur machen, wenn sie vor mir Respekt haben. Sie hören aber nicht auf mich, nehmen mich nicht ernst. Wie sollte ich das höflich in Worte fassen? Natürlich musste ich es nicht in Worte fassen, er kam mir zuvor.

„Konzentriere dich darauf, was du den Menschen mitteilen willst, statt krampfhaft an deinem Ego festzuhalten. Hauptsache du glaubst selbst an das, was du sagst und an die, die du wirklich bist. Den Menschen ist es viel wichtiger, zu merken, dass du echt bist als dass du perfekt bist."

„Was meinen Sie mit Ego und echt sein?", frage ich ihn.

„Kennst Du das Gefühl, wenn du alles perfekt machen willst und am Ende so sehr in deinem Ego vertieft bist, dass du gar nicht mehr bei den Menschen, sondern nur noch bei dir selbst bist?

Spürst du die Diskrepanz zwischen Rolle und Identität?

Wenn wir unsere Botschaft entwickeln, dann haben wir uns vorher mit unserer Vision auseinandergesetzt und beschäftigen uns dafür meist mit dem "Wunsch-Ich". Das ist grundsätzlich auch gut, aber es gibt einen wichtigen Punkt zu beachten:

„Deine Herzensbotschaft ist natürlich ein und dieselbe, aber manche verspielen sich Authentizitätspunkte, weil sie versuchen diesen Menschen abzubilden, der sie noch nicht sind.“

Erkenntnis:

Du kannst jetzt starten, bist gut so wie Du bist und die Welt braucht Dich und Deinen Beat. Aber pass' Deine Worte und dein Tun so an, dass es zu Deinem aktuellen Du passt. Am besten und ehrlichsten sind die Worte aus deinem Herzen. Nimm die Menschen mit auf den Weg zu Deinem "Wunsch-Ich", das bringt Dir echte Fans. Denn 100% zu Dir zu stehen, so wie Du bist, das bedeutet, echt sein.

Allein, traurig, zerrissen in einer Welt, in der ich mich nicht mehr zurechtfinde.

Wer bin ich, wo will ich hin und vor allem wie kann ich eine Frage auf all die Antworten finden?

Während ich Dinge tue, reflektiere ich selbst, dass es sich falsch anfühlt. Trotzdem tue ich es weiter, kann mich nicht zurücknehmen oder aufhören. Als ob ich fremdgesteuert bin wie eine Maschine, gefangen in meinen Gedanken.

Ich möchte diesen Mann wieder treffen, es ist so magisch in seiner Nähe zu sein. Es ist nichts Besonderes an ihm. Er würde durch seine Kleidung nicht sonderlich aus der Menge herausstechen, außer seine Ausstrahlung. Jedoch ist da etwas, was ich immer in mir spüre. Veränderung, Verwirrung, ich stelle Dinge in Frage.

Sind es seine Worte oder seine Fragen? Er sagt mir nie die Lösung, er stellt Fragen. Er gibt mir einen Rahmen.

Ich fühle mich gerade so, als ob mir der Boden unter den Füßen weggezogen wird. Der Rahmen fehlt. Ich fühle mich ausgelaugt, leer und frage mich immer wieder, warum habe ich von all dem, was dieser weise Mann in mir angeregt hat, noch nichts ausgelebt und umgesetzt?

Bin ich nicht fähig dazu? Ich zweifele an mir und in mir staut sich eine Schwere auf, vom Magen ausgehend, Schicht für Schicht. Plötzlich kommt ein Gedanke in mir hoch, dass ich doch schon vieles umgesetzt habe. Z. B. privat läuft es wirklich gut, ich hätte mit meinem alten ICH sicherlich nicht so einen liebenswürdigen und großartigen Ehemann an meiner Seite.

Doch dann denke ich an die Arbeit, wo ich die meiste Zeit bin. Emotionen kochen in mir. Ich fühle, dass sie nicht wirklich zu mir gehören.

Ich weiß, dass sie aus vergangenen Erlebnissen entstanden sind. Aber genau das ist es. Es waren Erlebnisse, etwas von außen und nichts, was in mir entstanden oder aus mir entsprungen ist. Die Wurzeln dieser Emotionen, negativen niederschmetternden Gedanken sind dem Außen entsprungen. Ich spüre Traurigkeit gerade jetzt in diesem Moment. Das Gefühl zu haben, dass all die Schwere nicht zu mir gehört, nicht zu meinem Sein, ich nicht ICH bin, sondern schleppe alles seit Jahrzehnten mit mir herum wie ein Klotz am Bein. Ich fühle mich wie ein Hund an der Kette, die mich am Vorankommen hindert.

Ich fange die nächsten Tage an, mich mehr zu reflektieren, mich wahrzunehmen. Das sieht so aus: Ich wache auf und mir schießen Gedanken übers Leben in den Kopf, Wünsche, Sehnsüchte usw. Manchmal bekomme ich Impulse, wie eine innere Stimme. Das fühlt sich gut an. Ich traue dem Ganzen aber nicht und es braucht etwas Zeit, sich daran zu gewöhnen, aus mir heraus einer Stimme zu folgen, die sich auch noch gut anhört. Daraus resultiert: Ich sehe mich selbst. Ich spüre mich. Ich höre mir selbst zu. Ich fühle mich. Während ich Dinge tue, die mir Freude bereiten, erlebe ich diese Leichtigkeit, wo ein NACHDENKEN unmöglich ist. Dieser Moment beglückt mich durch einen Hauch von Magie, ja es ist magisch, ich spüre mich federleicht, sehe mich strahlen, ich kann es sogar spüren, dieses Lächeln auf meinen Lippen. Es ist ein tiefes und sattes Lächeln. Es lässt mich tiefe Zufriedenheit, Glück, Sorglosigkeit und Freiheit spüren.

5 Bin ich an meinem Lieblingsort, fühle ich mich frei: Am Meer, besonders, wenn ich übers Meer in meinem Lieblingsboot segle.

Es ist ein wunderschöner Tag. Der strahlend blaue Himmel ist wolkenlos und die Sonne scheint warm auf meine Haut. Ich ziehe meine Segelkleidung an, eine dunkelblaue bequeme Stoffhose, ein weißes Shirt, was locker über die Hose hängt. Meine geplante Auszeit ist jetzt gestartet. Ich freue mich auf einen langersehnten Segeltörn auf dem Meer und starte im Hafen von Marseille. Ich nehme mir Proviant mit, um den Tag auf hoher See zu verbringen. Ich bin ausgepowert. Die letzten Wochen haben mich ausgesaugt, mein Akku ist leer und ich bereite mich für meine Auszeit vor.

Unendliche Weiten zeigen sich, wenn der Horizont im Meer versinkt. Der Wind treibt mal sanft, mal stürmisch über das Wasser. Die stürmischen Momente sind atemberaubend. Ich schalte den Kopf aus und gehe einfach mit. Ich kämpfe nicht mehr gegen den starken Wind an. Es gibt Momente, da fällt es mir schwer loszulassen, da ist mir sogar schon mal ein Segel kaputt gegangen und ein Boot ebenfalls, weil ich gegen die Natur angekämpft habe. Ich wollte es richtig machen und doch habe ich gefühlt alles falsch gemacht.

Während ich über den Steg zu meinem Segelboot laufe, weht mir eine frische Brise um die Nase. Es fühlt sich wie mein Zuhause an, ein Ankommen. Es ist, als ob es zu mir gehört. Ein warmes Gefühl erfüllt mich. Ich kenne das Gefühl, doch es verwirrt mich, denn ich weiß nicht, woher es kommt.

Das Wasser plätschert immer wieder an die Außenseiten der von der Sonne ausgebleichten hellbraunen Holzlatten des Steges. Mein Segelboot heißt Alma. Ich habe es nach meiner Großmutter benannt. Sie liebt die See und den Wind. Ihre Fröhlichkeit verbinde ich mit dem Segeln. Sie ist fast wie der weise Mann. Mit dem Unterschied, dass ich immer ihre Kleine bleibe, der sie die Lieblingsbonbons zusteckt. Allein der Gedanken daran, löst in mir wieder das gleiche Gefühl wie damals aus - Wärme in der Bauchgegend. Hey, jetzt weiß ich, woher ich dieses Gefühl kenne. Es ist die Geborgenheit meiner Großmutter.

Ich setze die Segel und steche in See, lasse den Hafen von Marseille hinter mir, bis er in der Wärme verblasst.

Erfüllt von dem leckeren Proviant, der Ruhe und der guten Meeresluft, kommen mir immer wieder Bilder und Worte hoch. Meine Großmutter und der weise Mann sind gerade in meinen Gedanken sehr präsent.

Ich sehe mich auch schreiend, wütend, weinend – sehe mein Gegenüber – angsterfüllt – ignorierend – verachtend – ich verachte mich für die,

die ich oft bin. Unausgeglichen, belehrend, besserwisserisch, ich-bezogen. Ich bin erschöpft davon, mich immer wieder in der Männerwelt durchsetzen zu müssen. Es ist echt hart und selten höre ich darauf, was ich fühle, denn der Druck ist zu groß, um Platz zu haben für mich.

Ich dachte immer, ich sei erfolgreich, glücklich und werde geschätzt, doch so ist es nicht. Ich werde oft gemieden, Gespräche enden, wenn ich den Raum betrete und missachtende Blicke erreichen mich, wenn ich spreche.

Ich werde nicht gesehen, wie ich wirklich bin, weil ich nicht die Chance habe, mich zu zeigen, wie ich wirklich bin. Es ist so ungerecht. Der Stress ist schuld! Die Mitarbeiter sind schuld, weil sie nicht offen sind und mir nicht die Meinung ins Gesicht sagen können. Sie haben Angst vor mir, obwohl ich ihnen nichts tue. So ein Wutausbruch ist doch nicht schlimm, jeder weiß, dass das gut tut.

Jetzt genau in diesem Moment sehe ich in Gedanken meine Großmutter, sie spricht mit einer weichen warmen herzlichen Stimme: „Mein Mädchen, **hörst du dir gerade selbst zu? Glaubst du das wirklich, was du dir da erzählst?** Du sprichst von Schuld und Angst und nicht Gesehen werden. Als du klein und traurig warst, was habe ich da gemacht?"

„Du bist zu mir gekommen und hast mit deiner weichen, warmen Stimme aus deinem Herzen gesagt: **„Es ist okay, dass du jetzt traurig bist, schau nur, dass du dich nicht anfängst selbst zu bedauern – finde den richtigen Moment aufzuhören, nimm dich an und lasse los. Mach' einen Haken dran und fang von vorne an.**

Dann hast du mich in deinen Arm genommen, ich habe deinen Herzschlag gespürt und alles war gut."

„Genau, und was ist heute aus dir geworden? Schau dich an. Du bemitleidest dich selbst, verteilst Schuld, als ob es sie im Sonderangebot gäbe und Menschen haben Angst vor dir! Was ist nur aus dir geworden?

Das Bild verschwindet und die Worte hallen noch lange, sehr lange nach. Die See wird etwas turbulenter, und ich lasse mich versunken in den Worten meiner Oma einfach treiben, vom starken Wind, von den Wellen.

Mir wird bewusst, welch ein schlechter Mensch ich bin, und ich frage mich immer wieder, warum und wie es dazu nur kommen konnte. Ich konnte nicht begreifen, dass ich zu der Frau geworden bin, die ich niemals sein wollte. Als Kind habe ich solche Erwachsenen verachtet. Jetzt bin ich selbst genauso geworden. *Ich mache Druck. Ich lasse anderen keinen Raum, weil ich ihn selbst einnehme, ich habe Recht und die anderen liegen falsch ...*

Die Warum- und Wie-Fragen treiben mich noch mehr in Schuldgefühle, Traurigkeit und auch eine Leere.

Ich kann Vergangenes nicht ungeschehen machen, das wurmt mich. Ich kenne diese Momente – Vergangenes ungeschehen machen zu wollen. Immer wenn ich umzog oder den Job wechselte, nahm ich mir vor, bestimmte Verhaltensweisen nicht mehr zu zeigen – Neuanfang – keiner kennt mich und meine Fehler.

Der weise Mann erscheint in meinen Gedanken.

Es kehrt plötzlich Ruhe ein auf hoher See, das Boot wiegt auf dem Meer, hin und her.

Er fragt:

„Was ist das Schlimmste, was passieren kann, wenn du genau wie bisher weiter machst?

Mal angenommen du würdest das tun, was du immer gerne tun wolltest, was wäre das?

Die beiden Fragen überfordern mich, darüber habe ich noch nie nachgedacht.

Der weise Mann spricht:

"Beachte eines: **Bei allem was du tust – gibt es etwas zu beachten**, wie eine unausgesprochene Regel, du darfst es dir niemals nehmen lassen, du darfst es niemals aus den Augen verlieren. **Hab' Spaß** bei allem, was du tust, hast du keinen Spaß, dann entscheide, ob es notwendig ist, weiterhin Platz dafür in deinem Leben einzuräumen und es für eine Zeit zu dulden. **Der Spaß sollte die meiste wertvolle Zeit deines Tages füllen.** Es gibt immer wieder Dinge, die wir tun, weil wir sie brauchen, um voranzukommen, ein Meilenstein und der darf auch mal weniger Spaß machen. Beachte nur eines, dass diese Momente nicht deinen Alltag überladen, sondern die spaßigen und schönen Momente die Balance in deinem Leben erhalten."

Seine abschließenden Worte:

„Mach' deinen Tag zu deinem Lieblingssong"

und ich selbst füge in Gedanken hinzu ... und tanze jeden Tag.

Doch dann reißt mich ein Krachen, Rauschen, Wackeln, ein starker Sturm aus meinem Tagtraum. Der Mast stürzt ein, bricht ab. Ich erstarre und schaue wie gelähmt zu wie alles vor mir zusammenfällt.

Wie so oft in meinem Leben, weiß ich, was zu tun wäre, was ich machen könnte, bin aber handlungsunfähig, und tue nichts. Doch der Überlebensmechanismus funktioniert, dann plötzlich - Adrenalin schießt in meine Blutbahn ein. Wie Supergirl, die sich bereit macht für ihre nächste Rettung, handle ich. Kein Nachdenken, schnelles Handeln, intuitiv, sicher und vertraut.

Als alles vorbei ist, sitze ich regungslos im Boot und starre auf den kaputten Mast, das zerrissene Segel – ich frage mich, wie kann der Wind so stark und mächtig sein, wie kann ein starker Holzbalken so schnell kaputt gehen. Ich trieb draußen auf hoher See und hatte Zeit nachzudenken. Irgendwann bemerkte ich, dass ich selbst nicht zu Schaden gekommen bin, was hatte ich anders gemacht? Aus Nachdenken wurde Handeln und das fühlt sich so wunderbar befreiend an.

Wie sollte es weiter gehen?

Wie kann ich dieses Handeln in meinem Job umsetzen?

Menschen in meinem Umfeld rieten mir, lass das Segeln sein, es ist zu gefährlich. Ich weiß, sie hatten positive Absichten, sie sorgen sich, aber sie kennen sich nicht gut mit Segeln aus.

Es sind IHRE Gedanken, IHRE Grenzen, IHRE Sorgen - das erkenne ich schnell – es sind nicht MEINE.

Ich hatte gar keine Angst, im Gegenteil, ich verließ mein Segelboot damals mit einem breiten Grinsen und war erfüllt, zufrieden und glücklich. Ein Abenteuer hatte ich erlebt, bin an meine Grenzen gekommen und sogar darüber hinaus geschossen. Ich hatte mich schon lange nicht mehr so sehr gespürt.

Ich hatte Angst, die mich stärker gemacht hat.

Durch meine Angst zu gehen, war wie ein Prozess, den ich beobachten konnte.

Einmal das Körperliche: Adrenalinausschüttung, volle Konzentration, Fokus aufs nackte Überleben und der Nervenkitzel. Wie geht es aus? Ich habe nur eines niemals getan, niemals habe ich in diesem Moment auf dem Boot an mir gezweifelt. Ich habe einfach intuitiv gehandelt.

Auf dem Meer ist es kein Kampf, es ist ein Sichhingeben, sonst hast du verloren. Es ist ein Treibenlassen, wie ein Blatt von einem Baum, was im Herbst vom Wind umhergewirbelt wird, oder wenn du mit der Luftmatratze auf den Wellen treibst.

Kämpfe ich dagegen an, wird es schwer. Habe ich Angst, kann ich nicht mehr klar denken. Kann ich mir selbst nicht helfen, helfe ich niemandem. Die Menschen lassen sich von mir sowieso nicht helfen, ich möchte aber irgendwas tun, um das, was in mir steckt nach außen zu tragen.

6 Ich bin von meinem Bootstrip zurück und freue mich auf die Zeit mit meiner Familie. Während ich mich auf ein paar Tage Auszeit freue, überkommt mich Traurigkeit, ich fühle mich unbedeutend, leer. Auch die liebevollen und aufmunternden Worte meines Mannes finden keinen Raum in meinem Kopf, wie Fremdworte irren sie kreisend mit großen Fragezeichen in meinem Kopf herum.

Die Tage mit meiner Familie sind vorbei und zurück zu Hause angekommen, begegne ich wieder dem weisen Mann. Wir treffen uns im Wald beim Spaziergang. Er spürt wie immer, was los ist. Als ob er einen Plan für mich hat und mir immer einen Schritt voraus ist. Er spricht: „Erfüllt dich das, was du tust?"

Ich antworte: „Ich verstehe die Frage nicht. Ich arbeite, um die Bankraten für unser Haus abzubezahlen, tolle Reisen zu machen und unserem Kind eine gute Ausbildung zur ermöglichen."

Er: „Ich verstehe dich, genau so habe ich auch lange Zeit gedacht. Wem sollte, das was du tust, am meisten gefallen?"

Ich: „Hm, ich weiß nicht." Ich überlege lange hin und her. „Ist es zu egoistisch, wenn ich sage, dass es mir selbst am besten gefallen sollte?"

Er: „Wie fühlt es sich denn für dich an, dir selbst Bedeutung zu geben? Dich selbst bedeutsam zu fühlen, in allem, was du tust?"

Ich: „Das fühlt sich richtig an und zwar richtig gut. Meinem Herzen gefällt es, das warme Gefühl ist wieder da. Es erfüllt mich, es ist als ob ich mich selbst anerkennen würde. Meine Assistentin sagte mir neulich, dass ich sie an ihre Kindheit erinnere. Sie war ein Trotzkind, wütend, aufschnaubend, rebellisch, hat sich nichts sagen lassen. Damals war es schwierig, sie war nicht wirklich anerkannt, alle ablehnend ihr gegenüber außer ihre Mutter. Sie hat selbst erlebt, wie es ist, abgelehnt zu werden wegen ihrer selbst, aber gleichzeitig von ihrer Mutter angenommen zu werden.

Sie sagte nie viel, sie war einfach da und ihre Blicke waren voller Liebe, erfüllt von tiefer Herzenswärme. Durch mein Verhalten all die Jahre, hat sie ihre Kindheit gespiegelt bekommen und sie hat mir das weitergegeben, was sie durch ihre Mutter erfahren hat.

Er:

„Du bist sehr weise geworden, meine Liebe und hast an Bedeutung gewonnen."

Ich - sprachlos, verwirrt, schaue ihn lange an. Dann sage ich: „Danke."

Ich bin gereift, gewachsen und wachse weiter, verstehe und finde immer mehr zu mir selbst.

Er: „Viele Menschen zerbrechen daran innerlich – nicht gesehen oder gehört zu werden, nicht bedeutsam zu sein."

Ich:

„Weil sie nicht das, was sie tun für sich tun, richtig? Weil sie sich selbst nicht bedeutsam fühlen, nicht ihr Warum und Wozu kennen, was sie antreibt, von tief innen, oder?"

Er: „Ich habe dem nichts mehr hinzuzufügen. Du bist wahrhaftig weise geworden und extrem gewachsen. Ich bin sehr stolz auf dich, was du geschafft hast."

Ich schaue ihn an und spüre tiefe Dankbarkeit. Ich weiß, dass ich keine Worte brauche, damit wir uns verstehen. Es fühlt sich wieder warm im Herzen an.

Erkenntnis:

Finde heraus:

Warum tust du das, was du tust?

Was treibt dich an?

Was ist dein Bedürfnis, was du stillst?

Wozu tust du das alles, was du tust?

Was hast du selbst davon? - Ist es Anerkennung oder Wertschätzung?

Was haben andere davon, was du tust? – Spiegelst du sie oder sind sie zufriedener, freier?

Der weise Mann fragt mich, ob ich mich noch an den BEAT erinnere. Der BEAT mit dem Regenschirm. Ich bejahe und der Flow in dem ich mich damals befand, kam wieder hoch. „Möchtest du mehr dazu erfahren?" JA. „Du hast mir all die Jahre viele Fragen gestellt, die ich dir nicht immer beantwortet habe, ganz bewusst ..." Ich ergänze den Satz: „Weil die Zeit noch nicht reif war." Er: „Genau. Hinter dem BEAT steckt ein Prinzip." Stell dir vor, du bist bei dir und die Menschen kleben an deinen Lippen und du sprichst authentisch, intuitiv aus deinem Herzen und die Menschen spüren die Klarheit, die in dir ist."

Ich bin gespannt und höre aufmerksam zu.

Bedeutung
Emotion
Authentizität
Transformation

B = Bedeutung - Finde deine Bedeutung

Er: „Stell dir vor, du erzählst deinen Mitarbeitern was du die letzten Jahre erlebt hast. Mal angenommen, du holst die Menschen dort ab, wo sie sind, sprichst ihre Sprache, erzählst deine Geschichte, deinen Fußabdruck. Was glaubst du, wird passieren?"

Ich: „Lass mich überlegen und hineinfühlen. Ich erzähle in allen Einzelheiten, alles, was ich erlebt habe?

Er: „Ja, genau, die nackte Wahrheit."

Ich: „Ok, ich habe ja nichts zu verlieren, außer mich selbst, was der größte Verlust wäre, wie ich selbst erfahren musste. Mal angenommen, ich stehe vor meinen Mitarbeitern, ich wäre in einer Situation, wo sich alles so stimmig anfühlt, dass ich Teile meines Weges ihnen offenbare, dann, hm, was würde ich tun? Ich würde dem Menschen an den Lippen kleben, weil ich ihn spüren kann, ich würde meinen Hut vor diesem Menschen ziehen, dass er es geschafft hat. Ich würde ihn ausfragen, wie er es geschafft hat und mir zeigen lassen, wie der Weg sein könnte.

Er: „Das hast du toll beschrieben, mich hast du jetzt schon. Es ist die Emotion einer Geschichte, die uns bewegt, es ist die Emotion eines Menschen, die uns berührt. Jeder Mensch, auch wenn er das Gleiche wie andere erlebt hat, wird es immer individuell mit seinem eigenen Abdruck beschreiben. Es kann das gleiche Thema oder Erlebnis sein, aber mit einer anderen Emotion oder sogar überhaupt keiner Emotion.

E = Emotion – hole die Menschen dort ab, wo sie sind, mit deiner Geschichte, deinem individuellen Abdruck

Ich lasse das Gespräch wirken und wir verabreden uns, das erste Mal seit wir uns kennen! Beim nächsten Treffen erzähle ich ihm von meinen Erlebnissen. Ich berichte ihm, dass ich etwas Neues einführen möchte, eine Idee, vor der ich Respekt habe, die vielleicht auch etwas abwegig und mutig ist, aber ich will das. Wie immer frage ich verschiedene Menschen und ich bekomme sehr viele verschiedene Antworten, das war nicht der Plan, eine hätte mir gereicht. Ich bin verwirrt und komme ins Zweifeln, ob meine Idee überhaupt realistisch ist bei allem, was ich gehört habe.

Er: „Ich verstehe dich, ich kenne es zu gut, ich habe lange selbst Zweifel gehabt. Vor allem Ungeduld hat mich jahrelang geplagt. Mein Inneres hat gegen diese Zweifel gekämpft. Wie du es mit deinem Segeltörn beschrieben hast. Dieser innere Kampf hat mich fast das Leben gekostet, hat mich ausgebrannt und kaputt gemacht."

Ich: „Was hast du gemacht? Hast du wirklich eine Lösung dafür? Das würde mich sehr glücklich machen. Meine Familie leidet gerade sehr darunter, dass ich nicht ins Tun komme. Sag mir bitte wie du es geschafft hast, deine Zweifel zu beseitigen."

Er: „Ich habe die Verbindung zu mir selbst wiedergefunden. Ich meine hier nicht mein Herz, sondern meinen inneren Kompass. Ich habe herausgefunden, wofür ich lebe. Ich habe dich vor vielen Jahren schon einmal gefragt, ob du schon einmal etwas von Werten gehört hast. Aufgezählt hast du mir die Unternehmenswerte, richtig?" Ich bejahte. „Was sind deine eigenen Werte?" Ich zucke mit den Schultern.

Er: „Stell dir vor, du singst einen Song, deinen Lieblingssong und egal wie schräg du singst, dich kann keiner daran hindern, ihn zu trällern. Wie fühlst du dich damit?"

Ich: „Frei, ich fühle mich frei, wie ein Deckel, der auf einen Topf passt. Wie ein Fuß, der in einen Schuh passt. Es fühlt sich passend an, ja, genau – frei und passend.

Er: „Deine Worte berühren mich, du bist so weise und gewachsen. Ich liebe es, dir zuzuhören und lerne selbst bei jedem unserer Gespräche weiter dazu. Ich danke dir."

Der weise Mann er ist authentisch, er ist glaubwürdig, ich spüre jedes Wort in mir. Jedes Wort bebt, und während ich endlich wissen möchte, wie er es geschafft hat, die Zweifel auszuräumen, merke ich noch gar nicht, dass er mir einen Teil der Antwort bereits gegeben hat. Seine Worte dringen in mich ein, durch mich durch, und ich sauge jedes Wort wie ein Schwamm auf.

Er: „ Kennst du deine Werte und hast deinen inneren Kompass gefunden? Denn Menschen, die ihre Werte kennen und leben, wissen warum sie Dinge tun und wozu. In allem was du tust bist du emotional und echt. Egal, was andere sagen, du tust es, weil du im Herzen spürst, es ist richtig. Du bist bei dir, vertraust dir und bist nicht mehr im Außen.

A – Authentizität – ist deine Echtheit, eine Kongruenz von Worten und Körperwirkung.

Weiser Mann: „Was glaubst du? Wie viel Prozent deiner Worte und wie viel deiner Körpersprache nimmt dein Gegenüber wahr?"

„Verstehe ich nicht."

Weiser Mann: „Ich formuliere es anders: Was glaubst du ist wirkungsvoller, WIE (Körpersprache) du etwas sagst oder WAS (Worte) du sagst?"

„Was ich sage, ist wichtiger?"

Weiser Mann: „Magst du mir sagen, wie genau du das meinst?"

„Mit Worten kann ich beschreiben, was ich meine. Ich habe eine Fülle an Möglichkeiten, und ich sage dir, ich kann gut reden.

Weiser Mann: „Das freut mich für dich. Wie merkst du, dass du verstanden wirst?"

„Ich rede die meiste Zeit, ich finde es schwierig, dir diese Frage zu beantworten.

Hm, jetzt, wo ich genauer darüber nachdenke, fällt mir auf, dass ich oft das Gefühl habe gegen eine Wand zu reden. Häufig schweifen die Blicke meines Gegenübers ab, er sieht gelangweilt aus oder verschränkt die Arme vor der Brust."

Weiser Mann: „Was spricht in diesem Moment mit dir?"

„Der Körper" – kurze Pause - jetzt weiß ich, was du meinst, das WAS und WIE. Ich spreche mit meinem Körper? Ja, ist wirklich so. Meinst du die Körper sprechen miteinander ohne Worte?"

Weiser Mann: „Ja sogar richtig viel, aber unterbewusst. Wie ein Scanner gelangen die Infos über unsere Sinne ins Gehirn, wo sie dann mit Erlebnissen, Erkenntnissen, Erfahrungen und Emotionen aus unserem Unterbewusstsein abgeglichen werden. Daraus entsteht unsere Meinung über unser Gegenüber, was manchmal nicht der Wirklichkeit entspricht. Noch wirkungsvoller sind unsere Urinstinkte. Wir nehmen über die

Körpersprache, übrigens Wirkung in einem Gespräch ca. 90 Prozent, Worte nur 10 Prozent, wahr, ob unser Gegenüber gut oder böse ist, ob der Mensch eine Gefahr ist, ob wir dem Menschen zuhören wollen oder nicht, sympathisch oder unsympathisch, freundlich oder unfreundlich usw.

„Glaubwürdigkeit und echt sein, nehmen wir unterbewusst wahr."

Es gibt einige Kriterien für Authentizität, gerne möchte ich hier drei aufführen:

- **Bewusstsein**
  - o Durch Wahrnehmen und Beobachten, sind wir in der Lage zu wissen, was uns gut tut und was nicht. Durch Selbstreflektion erleben wir unser Handeln.

- **Ehrlichkeit**
  - o Zu dir selbst und zu anderen ehrlich sein
  - o Der Realität ins Auge blicken und auch Unangenehmes annehmen können.
  - o Du bist bereit, Menschen mit Ecken und Kanten zu erleben, zu ertragen und mit ihnen zu leben.

o Andere Meinungen, anderes Denken und Handeln **wertschätzen** und darin – trotz allem - die Welt des anderen möglicherweise als eine Bereicherung oder als Wachstum wahrzunehmen.

- **Konsequenz**

    o Stehe zu deinen Werten, deinen Entscheidungen und deinem Sein. Trage die Konsequenzen, wenn Menschen damit nicht umgehen oder dich sogar nicht ertragen können.

T – Transformation ist das Allerwichtigste. Wenn du dich nicht entwickelst, sind die ersten 3 Punkte (BEA) wertlos, möglicherweise sogar Zeitverschwendung.

„Was genau meinst du damit?"

Der weise Mann: „Das lasse ich dich gerne erleben. Ich hole ein bisschen aus und frage dich: „Warum hörst du Musik?"

„Für die Stimmung, gute Emotion, Spaß, zum Mitsingen."

Der weise Mann: „Musik hat eine Wirkung auf dich und die Emotion verändert dich. Durch sie hörst du immer wieder Musik, die dir gefällt und dann verändert sich auch deine Stimmung dauerhaft." Das ist die Transformation.

Umsetzen, dranbleiben und automatisieren ist das Allerwichtigste, um langanhaltende Erfolge zu erzielen und wahrzunehmen.

7   Ich sitze gedankenversunken in einem sehr schönen Café, der Geruch der selbst hergestellten Waffeln liegt in der Luft. Kaffeegeschmack liegt auf meinen Lippen. Mich durchströmt eine seltsame Mischung aus Handlungsunfähigkeit, Leere sowie Glücklichsein. Leere wie Kraftlosigkeit, aber auch Entspannung, die mich glücklich zu machen scheint. Handlungsunfähigkeit könnte von der Leere kommen, die mich verwirrt, weil ich nicht weiß, wie es weiter geht.

Eine Frage stelle ich mir immer wieder: Wie nur, wie kann ich dieses intuitive Handeln, ohne Selbstzweifel und Schuldzuweisungen und Angst in meinem Job anwenden? Ich wünsche mir so sehr, dass die Stimmung endlich besser wird sowie weniger kranke Mitarbeiter, weniger Aggressionen und Druck meinerseits!

Du kannst dir sicherlich vorstellen, was in diesem Moment passiert?

Genau, der weise Mann streift meinen Blick und kommt zielstrebig auf mich zu. Er fragt höflich, wie immer, ob er mir Gesellschaft leisten darf. Ich bejahe und schaue ihn wortlos an.

In mir sieht es von Minute zu Minute anders aus. Ich versinke in seinem Sein und lasse mich treiben wie auf dem Meer. Er spricht, ich höre ihn reden, kann ihm aber gar nicht folgen, als ob er eine andere Sprache sprechen würde. Ich bin verwirrt und fange an meine Worte zu finden. Ich entschuldige mich, dass ich ihn nicht verstehe und er sagt:

„Sei nicht im Kopf – geh in dein Herz.

Sei keine Kopie, sei ein Original – sei du selbst."

Ich: „Wie soll ich das machen?"

Er: „Erinnerst du dich an meine Fragen?

„Was ist das Schlimmste, was passieren könnte, wenn du genau wie bisher weiter machst?

Mal angenommen, du würdest das tun, was du immer gerne tun wolltest, was wäre das?

Was darf niemals fehlen?"

Was hast du aus diesen Fragen gemacht, erzähl es mir?"

Ich erschrecke und versuche krampfhaft eine Ausrede zu finden, denn tatsächlich habe ich mich gar nicht damit beschäftigt. Vergessen habe ich die Fragen, ... einfach vergessen. Sie rückten in den Hintergrund, direkt nach dem letzten

Treffen. Ich bin so stinksauer auf mich selbst, dass ich so viel wertvolle Zeit vergeudet und mich einfach nicht damit beschäftigt habe.

Der weise Mann bemerkt schnell, was in mir vorgeht, natürlich. Ich fühle mich schrecklich. Er sagt:

„Manchmal brauchen Dinge Zeit zu reifen und manchmal muss es einfach der richtige Moment sein, um zu verstehen. Hast du verstanden, dann handelst du oft automatisch."

Ich atme tief ein und hole mir die Erleichterung durch tiefe Atemzüge wie ich es in den letzten Jahren mir selbst antrainiert habe. Mein Körper wird durch jeden Atemzug mit Freiheit durchzogen. Leichtigkeit und Ruhe breiten sich in Sekundenschnelle aus.

Er lächelt und kann mir die Erleichterung ansehen.

Er verabschiedet sich mit einem Augenzwinkern und wünscht mir einen zauberhaften Tag. Ja, zauberhaft ist wohl passend für diesen magischen Moment, den ich erneut erleben darf. Ich bin erfüllt von tiefer Dankbarkeit, dass immer im richtigen Moment, Dinge passieren, die mich weiterbringen, und ich weiß seit heute auch, dass es absolut in Ordnung ist, wenn ich nicht immer alles umsetze. Ich habe Vertrauen in die Worte des weisen Mannes, sobald ich verstehe, setze ich um.

Ich nehme mir mein Buch und meinen knallroten Lieblingsstift mit einem silbernen Ring, den ich immer bei mir trage. Es ist so eine Eigenart von mir, dass ich besondere Dinge immer nur mit diesem Stift aufschreibe, ein magischer Moment, wie eine Wunschliste. Bei der Gelegenheit möchte ich mit dir teilen, dass ich seit ich diesen Stift habe, nie mehr das Wort TO-DO-LISTE, sondern WUNSCHLISTE verwende. Damit fällt es mir leichter, die Dinge auf der Liste zu bearbeiten. Der Druck ist geringer. Probier' das mal aus.

Ich schreibe also als ob es kein Halten gäbe, die Antworten auf das Papier.

Was ist das Schlimmste, was passieren könnte, wenn du genau wie bisher weitermachst?

Meine Antwort: Ich werde ignoriert, meine Umsätze werden so schlecht, dass ich die Kündigung bekomme. Meine Mitarbeiter wandern ab oder werden/bleiben krank.

Ein Blitz durchzieht meinen ganzen Körper.

- Ich bin verantwortlich für meine Mitarbeiter.

- Ich kann dafür sorgen, dass sie weniger krank werden.

- Ich werde alles dafür tun, damit es ihnen gut geht.

Warum? Weil ich dann diese Leere in mir auffülle und ich weiß, wie es ist, schlecht behandelt oder schlecht geführt zu werden. Dass ich selbst mal zu einer Führungskraft werde, die rechthaberisch und selbstsüchtig ist, hätte ich nie für möglich gehalten. Jetzt ist es vorbei mit dem Winterschlaf. Jetzt wird gehandelt.

Mal angenommen, du würdest das tun, was du immer gerne tun wolltest, was wäre das?

Meine Antwort: Segeln, reisen, mehr Zeit mit meiner Familie, Quality Time für mich und viel lachen.

Wenn ich etwas tue, soll es Spaß machen und am meisten mir selbst.

Was darf niemals fehlen?

SPASS

Ein Hauch von immer stärker werdender Leichtigkeit, zieht an mir vorbei, und ich atme mit jedem Atemzug Leichtigkeit und Freiheit ein. Ich sehe gerade mein Leben an mir vorbeiziehen, dass ich nicht mehr so weiter mache wie bisher, sondern auf mein Herz höre, statt alles zu zerdenken oder ständig mit einem Schuldgefühl über die Vergangenheit grübele.

Am nächsten Morgen stehe ich beschwingt auf und weiß genau, was zu tun ist. Ich weiß, dass ich mit meinem Herzen sprechen werde und brauche nicht wie sonst mir eine Rede zurechtzulegen. Dieses zehntausendmal umschreiben, um dann doch wieder missbilligende Blicke der Mitarbeiter zu erhalten. Heute war es anders.

Ich komme ins Büro. Der Café Latte mit exakt einem Stück Zucker steht auf meinem Schreibtisch bereit und hat eine angenehme Temperatur. Ich nippe ein paar Mal daran und schaue weitblickend aus dem Fenster. Der Kaffeegeschmack weckt in mir eine Emotion, holt sie hoch aus meinem Unterbewusstsein. Die Worte des weisen Mannes wirken gerade. Sie machen mich bereit, ich bin bereit.

Ich lege meine rechte Hand auf mein Herz und schaue auf den Ring. Ich denke an meinen Mann und mein Kind. Ich spüre eine unbändige Kraft wie noch nie. Ich spüre mein Herz wie noch nie.

Vertrauen steigt in mir auf, dieses Urvertrauen, dem ich so lange hinterhergelaufen bin. Es ist einfach da. Naja, einfach so, auch nicht. Ich habe durch die Beantwortung vieler Fragen und Übungen gelernt, Dinge anzunehmen und loszulassen, so auch die Frage nach dem Sinn des Lebens, worauf ich später zurückkommen werde.

Nun zurück in meinem Büro, nehme ich zum ersten Mal wahr, wie groß es ist, die braunen Wände viel zu dunkel, der Boden hell und glatt. Ich höre eine Stimme: „Sie werden erwartet." Es ist meine wundervolle Assistentin. Mir schießt gerade in den Kopf: ‚Habe ich ihr eigentlich schon mal gesagt, dass sie wundervoll ist? Sie ist immer da und nimmt mir alles ab. Ist mir immer ein Schritt voraus und einfach immer präsent, wenn es brennt.' Ich setze mich auf die Tischkante, um auf Augenhöhe mit ihr zu sein. Ich schaue sie an und bin zutiefst berührt. Ich denke mir, was für ein Glück, jemanden zu haben, der alles für mich macht und vor allem mich erträgt und zu mir steht, egal wie ich drauf bin, mich sogar einfängt, wenn ich wütend abhebe.

Kann es wirklich wahr sein, dass ich ihr noch nie wertschätzende Dankbarkeit geschenkt habe? Hat mich der Alltag, Stress und Druck so unmenschlich kalt werden lassen? In mir steigt der Gedanke empor, dass sich Menschen gerne vom Außen beeinflussen und mitreißen lassen. Wie in einem Stressstrudel, der wie ein hilfloses Paddeln bedrohlich für die Helfer drumherum aussieht, als ob sie dir beim Untergehen zuschauen.

Ich habe es geschafft aus diesem Stressstrudel herauszukommen. Durch ein paar wenige Menschen, die mich so annehmen wie ich bin, die mich lieben, bedingungslos, obwohl sie sehr viel ertragen haben. Menschen, die mir die nackte Wahrheit ehrlich und offen ins Gesicht sagen, egal welcher Hagelschlag von mir zurückkommt. Es sind wenige Menschen, aber sie sind da und ich schaue sie mit all diesen Gedanken an, diese Perle, meine Assistentin. Sie lächelt, ich nehme gefühlt zum ersten Mal ihr Lächeln wahr und lächle zurück.

„Schön, dass du wieder da bist." Ich sage: „Ja, die Auszeit tat gut." Sie entgegnet: „Ich meinte, schön, dass du wieder da bist, dass du diesen Blick wieder hast, diese Liebe in deinen Augen. Du warst lange weg, es war fünf vor zwölf und es ist genau der richtige Zeitpunkt für dein Comeback."

Ich sagte: „Danke. Danke, dass du mich nie aufgegeben hast. Danke, dass du immer zu mir gehalten hast. Danke, dass du mich ertragen hast. Danke, dass du mich niemals allein gelassen hast."

Ich verlasse in der Mittagspause das Büro, allein. Bewusst gehe ich allein, um diesen wunderbaren

Vormittag zu verarbeiten. Viel Zeit bleibt nicht, und ich laufe zum See und dort ...

... begegne ich dem weisen Mann. Er sitzt wieder da auf seinem Lieblingsplatz, der Bank, die am Ende mit zwei wunderschön geschwungenen eisenförmigen Armlehnen geformt ist.

Er lächelt, strahlt, und ich sehe ihn heute mit anderen Augen. Als ob ich erwachsener geworden bin. Ist natürlich Blödsinn, denn erwachsen war ich auch vor ein paar Jahren, als ich ihn kennenlernte. Vielleicht bin ich innerlich gewachsen, gereift wie ein Apfel am Baum. Der Baum ist der weise Mann, meine Assistentin, meine Familie, die mir Halt gaben und auch heute noch geben. Doch wenn ich heute als reifer Apfel falle, dann werde ich nicht zu Fallobst, ich lande auf einem weichen Blätterhaufen und habe eine Aufgabe, nämlich gesehen zu werden und wenn man mich isst (ich bin noch in der Metapher – ich bin ein Apfel ☺) dann erfülle ich meine Aufgabe dem Menschen, der mich verspeist, in jedem Moment eine Emotion zu geben, z. B. lecker sein, gut riechen und einfach ein gutes Gefühl hinterlassen. Dieser Baum hat viele Äpfel und vor allem Zeit noch in anderen Momenten zu reifen, zu fallen, aufgefangen zu werden, zu schmecken – nein, was sage ich – zum Genuss zu werden, in Erinnerung zu bleiben.

Die Menschen stehen unter dem Apfelbaum und warten gespannt, gebannt, geduldig darauf, dass ein Apfel fällt und sie diesen Apfel in all seinen Facetten erleben dürfen. Jeder Apfel steht für meine Außenwirkung. Jeder Moment des Genusses beim Verspeisen steht für Emotionen, die entstehen, wenn ich in Erscheinung trete.

Meine Erlebnisse:

Ich hätte nie gedacht, dass es so weit kommt, die Suche hat ein Ende. Ich lebe JETZT. Ich lebe im Moment. Ich habe den Fokus auf das, was ich gerade tue, nicht was war oder kommen wird. Ich finde die Erfüllung in jedem gelebten Moment. Ich lebe den Sinn meines Lebens nur JETZT. Nicht gestern, nicht morgen, einfach JETZT.

Ich setze meine Gedanken in Taten um, lasse die ganze Belegschaft zusammenkommen. Ich spreche mit meinem Herzen. Ich liebe die Worte, die ich höre, die ich spreche. Ich beobachtete ihre Blicke, nehme mein Umfeld wahr. Es ist unfassbar. Sie hören mir zu. Sie fangen an zu erzählen, und ich höre ihnen zu. Ich höre genau hin und sehe mich plötzlich in einer anderen Rolle. Ich finde keinen Namen, lasse die Suche danach los und dann klar, begegnet mir wieder der weise Mann.

Er weiß, dass ich suche und stellt mir eine Frage: „Sag mir, wie hast du dich gefühlt, als du gesprochen hast?" Ich: „Gut, wohl, warm im Bauch, frei, glücklich, zufrieden, erfüllt. Meine Assistentin sagte, ich sei sehr persönlich und authentisch gewesen."

„Genau das, authentisch, persönlich - mit Persönlichkeit führen – du bist eine Führungspersönlichkeit und keine Führungskraft mehr. Warum glaubst du, bist du keine Führungskraft mehr?"

Ich: „Kraft, das hört sich gerade so schwer an, ich muss an meinen Segeltörn denken, welche Kraft auf den Mast wirkte, als er brach und Tränen fluten meine Augen.

Ich spüre die Kraft des Sturmes, den Druck, wie ich dagegen ankämpfe. Genau so müssen sich meine Mitarbeiter in meinem Beisein gefühlt haben. Grauenvoll. Wie konnte es nur soweit kommen? Dabei wollte ich niemals so werden.

Führungspersönlichkeit – mit Persönlichkeit führen – ja, das hört sich großartig an. Dieses Wort implementiere ich sofort in meinen Sprachgebrauch und aufgrund meiner Vorbildfunktion wird es sofort angenommen. Auch für meine Führungspersönlichkeiten in den Abteilungen fühlt es sich gut an. Es ist nur ein Wort, doch ich habe selbst gespürt, welche Kraft und Macht dieses Wort hat."

Erkenntnis:

Achte auf deine Gedanken, denn Gedanken werden Worte und Worte können sehr wirkungsvoll sein, im positiven wie im negativen Sinn.

Ich denke mit meinem Herzen und lege alle Selbstzweifel ab. Mein Herz kennt nur ein JA oder NEIN, GUT oder SCHLECHT. Der Verstand hingegen sucht nach Antworten und wenn ich ihn beruhige, kann ich dabei zuschauen, wie die Worte herzerwärmend, genau passend auf den Menschen und die Situation aus mir herauskommen, wertschätzend und respektvoll, mit Fokus auf das Jetzt.

Es ist ein lauer Sommerabend, die Dämmerung zieht langsam übers Land, was ich gerade betrachte. Ein wunderschöner stiller See. Das Wasser seidig glatt. Ab und zu hinterlassen Wasserhüpfer ihre Spuren. Seerosen, hellrosa und weiß, zieren den See in einer wunderschönen Pracht. Sie schwimmen ruhig auf dem Wasser. Der See ist von Schilf umsäumt und Geräusche wie Zirpen und quaken, leise und angenehm im Einklang mit der Natur. Von Weitem ein Boot im Sonnenuntergang – die Paddel eingefahren, treibt es ruhig auf dem See. Ich sehe eine Silhoutte eines Mannes.

8 Ich erinnere mich an den Mann, der mein Leben komplett auf den Kopf gestellt hat. So wunderbar. Ich bin so dankbar, dass ich damals den anderen Weg gegangen bin. Jedes Mal, wenn ich einen See sehe, dann kommen Erinnerungen hoch, Höhen und Tiefen, Fragezeichen. Heute kann ich sagen: Die Fragen sind beantwortet, ich bin angekommen.

Laute Stimmen reißen mich aus meinen Gedanken. Ich nehme Gekicher wahr, und es fühlt sich sehr lebendig an. Es unterbricht die Ruhe, die Stille, und doch treibt es mich an, mich den Geräuschen hinzuwenden.

Ich spüre eine Anziehungskraft wie ein Magnet — es wird immer stärker und schon sehe ich mich lachend am Lagerfeuer sitzen, die Holzscheite brennen hoch und das Feuer knistert. Es leuchtet hell, so wie mein Leben und immer wieder sprühen die Funken. Es ist warm, manchmal heiß, und ich spüre in mir eine unbändige Kraft.

Losgelöst von allem, irgendwie frei. Um mich herum tanzen Kinder, unter anderem meine Tochter. Es macht mich glücklich sie zu sehen und für mich gibt es kein Halten mehr, ich springe auf und tanze mit.

Manchmal gibt es wenige Sekunden, die mich nachdenken lassen wie es früher war und ich lächle. Mein Herz pocht und will weiter tanzen, frei und ohne Einschränkungen. Ich bin frei, ohne Einschränkungen. Ja, ich habe ein Kind, und es ist nicht immer leicht, mein Mann macht es auch nicht immer leicht, aber ich weiß, egal wie ich entscheide, ICH trage die Verantwortung für alles, was ich tue. Keine Schuldzuweisungen, keine Rechtfertigungen.

Mir ist bewusst, dass wenn ich mich unterordne, obwohl ich es nicht will, mein Körper antwortet und mir zeigt, dass etwas nicht passt. Ich übernehme Verantwortung.

Ich bin völlig aus der Puste und mir fällt auf, dass mich ein Mann anstarrt. Er sitzt am Feuer und schaut sehr ungläubig. Noch schnellatmig vom Tanzen, setze ich mich neben ihn.

Ich würde gerne Worte finden, aber das Tanzen hat mich so aus der Puste gebracht, dass ich erstmal schweige. Ich weiß, wie überrollend es sein kann, wenn jemand hastig redet. Die Worte haben keine Bedeutung in dieser Form. Ich schweige, wir schweigen.

Er schüttelt den Kopf und lächelt. Ich habe wieder meine Atmung im Griff und frage ihn, warum er den Kopf schüttelt und so ungläubig lächelt. Er traut sich nicht wirklich zu antworten. Ich lasse ihn in Ruhe, ich habe es gelernt, Menschen Raum zu geben, von einem sehr weisen Mann, der mir gerade in den Sinn kam, mein Vorbild, mein Mentor.

Wir schweigen und irgendwann, spricht der junge Mann. „Ich kann es nicht fassen, dass Sie sich so zum Affen machen. Das ist total peinlich, finden Sie nicht? Ich kenne Sie, Sie leiten ein großes Unternehmen – haben Sie keine Angst, dass Mitarbeiter sie sehen könnten, wie Sie hier herumtanzen und sich peinlich verhalten? „

Ich stocke kurz und halte inne. Ich bin sprachlos, mir fehlen die Worte. DAS HABE ICH NICHT ERWARTET. Der junge Mann höchstens 22 Jahre alt, schulterlanges blondes Haar, sieht wie ein Surfer aus, gut durchtrainierter Körper und sein Gesicht versteinert sich, als er diese Worte ausspricht. Er erwartet eine Antwort.

Ich schaue ihn wortlos an und weiß, dass ich an seiner Stelle vor vielen Jahren, am See mit dem weisen Mann saß, der mein Leben veränderte. Ich war an seiner Stelle und habe scheinbar die

Aufgabe übernommen, dem jungen Mann die Welt zu öffnen. Eine Welt, die so anders war. Ich schaue ihn an und frage, was genau so peinlich für ihn scheint und wie sich seiner Meinung nach, eine Geschäftsfrau oder Unternehmerin verhalten soll.

Er antwortet: „Naja, von den Mitarbeitern Respekt zu bekommen, unangreifbar sein und nichts Persönliches zu geben. Mein Vater ist auch Unternehmer und wenn ich ihn schon als kleiner Junge begleitet habe, dann musste ich immer still sein, sollte nicht auffallen. Seine Mitarbeiter haben kaum eine Miene verzogen und trauten sich auch nicht zu sprechen, wenn er im Raum war, nur wenn sie etwas gefragt wurden. Sie zuckten zusammen, wenn er kam und ich beobachtete dies. Er bekam immer, was er wollte, egal mit welchen Mitteln. Ich lernte jeden Schritt von ihm. Er war selten zu Hause, daher war ich überglücklich, wenn er mich zu geschäftlichen Veranstaltungen mitnahm. Ich wusste, wenn ich nicht auffiel, dann durfte ich immer mit. Ich schwieg und beobachtete. Ich nahm auch wahr, dass er zu Hause sehr ernst war.

Er wollte, dass ich bereit bin sein Unternehmen zu übernehmen und kümmerte sich um mich, in dem er mir zeigte, wie wichtig es ist, nicht angreifbar zu sein. Es kann einem dann keiner was und auch schulisch pushte er mich.

Er sagte immer: Du musst der Beste sein, um zu überleben. Du musst alles geben, um erfolgreich zu sein. Und wenn du deine Seele verkaufen musst, um Erfolg zu haben, dann tu das. Ich saugte seine Worte auf, und meine Mutter stoppte ihn immer und sagte, ich sei noch zu klein für all das. Doch er behauptete, man könne nie früh genug damit anfangen.

Sein Vater habe das Gleiche gemacht und sie sollte ihn ansehen und ihn beglückwünschen, wie erfolgreich er war. Er fragte sie, ob es ihr nicht gefallen würde, dass sie sich alles leisten können. Sie haben ein tolles Haus, sie kann arbeiten was sie will und sich frei fühlen.

Frei sein, das hat er sehr oft erwähnt. Das strahlende Gesicht meiner Mutter verblasste immer bei diesen Gesprächen. Sie erstarrte, als ob sie sich nicht traute zu antworten. Ich fragte sie unter vier Augen, was los sei. Sie antwortete: „Nichts mein Junge, nichts, alles ist gut. Ich spürte, dass nicht alles gut war. Warum sagte sie nicht, was wirklich los war? Warum war sie nicht ehrlich zu mir und sagte, was sie wirklich bewegte?

Die Zeit verging, ich wurde groß und als ich in meiner ersten Beziehung war, fragte mich meine Freundin, was los sei, ich würde immer nur schweigen, da antwortete ich: „Nichts, Liebes, Nichts, alles ist gut." Im Studium verhielt ich mich manchmal für die anderen sehr komisch. Sie hatten Spaß, aber ich lernte. Sie fragten, was mit mir sei – ich antwortete: „Nichts – alles ist gut."

Ich lernte Gehorsam, Stillsein und das, was Sie hier machen, haben die Studenten auch gemacht, wild getanzt und die Nächte durchgemacht. Sie haben jetzt aber kein Unternehmen, sondern arbeiten zwölf Stunden täglich für einen Hungerlohn. Ich leite ein Unternehmen wie Sie, vielleicht nicht so groß und dennoch bin ich stolz das erreicht zu haben."

„Danke fürs Teilen", sage ich. Ich habe genau zugehört und beim Reden dieses jungen Mannes sah ich mich selbst, mein früheres ICH, und in mir macht sich das Helfersyndrom breit. Gleichzeitig stoppt mein Herz und sendet mir die folgenden Worte: „Sind sie zufrieden und stolz über das, was sie aktuell haben?"

Er zögert mit der Antwort. Ich spüre genau, dass er es nicht ist und neugierig halte ich inne, bis er antwortet. Ich bin gespannt wie ein Flitzebogen, ob er ehrlich sein würde.

„Ich bin" (lange Pause) „Ich bin ehrlich gesagt, überhaupt nicht zufrieden. Dabei habe ich alles gemacht, wie mein Vater es mir vorgelebt hat. Ich habe mein berufliches Ziel erreicht. Aber es fühlt sich irgendwie leer an."

Manchmal vergisst man sich selbst, wenn man anderen zusieht und ihr Leben kopiert, weil man glaubt, es sei richtig. Sich selbst zu vergessen, bedeutet, man spürt sich nicht mehr und fragt nicht, was man selbst will.

„Wie fühlen sich diese Worte gerade für Sie an?"

„Richtig, Volltreffer. Wow, da überkommt mich gerade ein Schauer. Wie kann das sein? Wir kennen uns doch gar nicht."

„Manchmal haben Menschen eine ähnliche Geschichte und dann kann es sein, dass ähnliche Gedanken und Emotionen

dazu führen, dass Worte das aussprechen was uns verbindet."

Ich kann Rührung und eine Erleichterung in dem jungen Mann sehen, der übrigens Roger heißt. Seine Gesichtszüge entspannen sich, seine Augen sind glasig. Das Feuer ist so hell und leuchtet so wunderbar, dass sein Gesicht plötzlich die Helligkeit übernimmt und so schön strahlen lässt. Wie ein Kind so frei und so unbedarft, schuldlos, offen.

„Haben Sie sich jemals nach Leichtigkeit und Freiheit gesehnt? Haben Sie jemals das Bedürfnis gespürt, Spaß mit den Studenten zu haben?"

„Nein, ich kenne das nicht und hatte daher auch kein Bedürfnis danach. Ich wollte mein Ziel erreichen, und davon hat mich nichts abgehalten. Das habe ich so gelernt."

„Haben Sie auch gelernt, andere Menschen und Situationen zu beurteilen oder gar zu interpretieren?"

„Ich verstehe die Frage nicht."

„Ich gehe es anders an. Als sie mich gesehen haben, was genau haben sie beobachten können."

„Sie tanzten, wild und ausgelassen und peinlich."

„Was davon ist Beobachtung und was ist Interpretation?"

„Worauf wollen Sie hinaus?"

Ich möchte auf nichts hinaus. Ich fragte Sie nach Beobachtungen. Sie beobachten UND interpretieren."

„Ja, das stimmt, das habe ich so noch nicht gesehen."

Wir betrachten das Feuer, wie es lodert und ich sehe ihn, den Mann, den weisen Mann, graues schönes Haar ziert seinen rundlichen Kopf.

Er sitzt mit der Gitarre am Feuer und ich höre ihn zum ersten Mal spielen. Die Kinder, mein Mann und die Familie des weisen Mannes rennen umher. Seine Frau umarmt ihn zärtlich, streicht ihm übers Haar und haucht ihm einen Kuss auf die Wange. Er spielt, und ich verliere mich in den Klängen der Gitarre, in den gesungenen Worten.

Es passt, es passt so sehr zu meiner Vergangenheit und zur jetzigen Situation des jungen Mannes. Lautlos schauen wir uns an und unsere Blicke sprechen Bände. Der weise Mann schaut mich an und ich schaue wortlos strahlend in tiefer Dankbarkeit zurück.

Er hört auf zu spielen, und ich stelle Roger dem weisen Mann vor. Er fühlt sich gleich zu ihm hingezogen. Aber er betrachtet ihn nicht auf Augenhöhe, eher anbetend. Er textet ihn zu und stellt dem weisen Mann sehr viele Fragen. Dieser schaut zu mir herüber und sagt zu Roger:

„Ich habe vorhin dem Gespräch zwischen Ihnen und Marie gelauscht, sie ist die Richtige für Sie.

Tauschen Sie sich aus und lernen Sie von ihr, sie war an dem Punkt, wo Sie sich befinden. Lernen Sie zu vertrauen. Marie kennt sich bestens aus."

„Ich will aber nicht so peinlich sein wie sie. Haben Sie sie vorhin tanzen sehen?" Der weise Mann bekommt Besuch von seiner Tochter und seinen Enkelkindern, die an ihm zerren. Er steht auf und legt die Gitarre beiseite.

Wie selbstverständlich rennt er ums Feuer wie Rumpelstilzchen, er macht ganz verrückte Bewegungen, vielleicht sogar extra.

Roger erstarrt und kann nichts mehr sagen, sich nicht bewegen und wirkt verwirrt, hat Fragezeichen im Gesicht. Was? Wieso? Warum? Für ihn bricht förmlich seine ganze Welt gerade vor ihm zusammen.

Dass eine Geschäftsfrau so verrückt ist, kann er gerade noch so verdauen. Dass aber ein berühmter Mann, Unternehmer, Familienvater, Bestsellerautor, Motivator, Mutmacher und Musiker so abdreht, das passt ganz und gar nicht in Rogers Welt. Unvorstellbar.

Roger hat seine Fassung wieder und schaut ungläubig zu mir herüber. Er schüttelt den Kopf und rennt, er rennt so schnell er kann, bevor er vermutlich verrückt werden würde. Vielleicht ist das ja ansteckend? Was ihm vielleicht mal ganz guttun würde. Ob er jemals Spaß haben wird?

Epilog

Ein paar Wochen später hole ich aus dem Briefkasten eine Einladung heraus. Eine besondere Einladung, sie hat die Form einer Gitarre mit Strandmotiv. Neugierig öffne ich die Karte. Wir sind eingeladen, ich kann es nicht glauben. Ich freue mich wie ein kleines Kind.

Das sechsjährige kleine, braunäugige Mädchen von damals, das mehr über das Verhältnis zu meinem Job wusste als ich, heiratet und ich darf dabei sein. Es ist eine Ehre für mich, denn sie hat mir in all den Jahren ergänzend zum weisen Mann, seiner und meiner Familie so ziemlich klar und direkt die Augen geöffnet.

Wir haben die Wochen gezählt, bis es endlich so weit ist. Es ist keine normale Hochzeit, natürlich nicht. Zumindest nicht normal für die Außenwelt, für uns alle ist sie genau richtig, nichts Besonderes und besonders genug, um die Tochter zu würdigen.

Wir stehen am Haus der Familie des Mannes und es empfängt uns eine laute, aber angenehme Klaviermusik, andere Instrumente reihen sich ein, Geige, Saxophon. Es klingt unbeschreiblich schön. Ich suche die Klingel, finde sie nicht. Sehe aber große Buchstaben auf der Mauer. Bevor ich sie lesen kann, ruft eine mir bekannte freudige

Stimme: „Endlich seid ihr da, hattet ihr eine angenehme Reise?" Die Tochter rennt auf mich zu und springt mir auf die Hüften. Das war wie Weihnachten und Geburtstag zusammen. In mir steigt eine unbändige Freude hoch, ein Glücksgefühl, unbeschreiblich.

Wir werden durchs Haus geführt. Wir kommen über die Veranda, eine Veranda, die um das ganze Haus geht. Sie scheint endlos lang, eine urige und hölzerne, braune Veranda mit Geländer – endlos langer Tisch, wo 20 Menschen auf alten Holzbänken sitzen und lächeln. Oberhalb befindet sich ein Sonnendach.

Wir sind gerade im ca. 35 qm großen Wohnzimmer mit einem großen Holztisch. Die offene Küche vereint eine Kochinsel und ziert die linke Ecke des Raumes. Espressoduft durchströmt meine Nase.

Links von der Kochinsel ist alles verglast, mit freiem Blick auf die Veranda und das Meer. Ein übergroßes Sofa und ein Glastisch laden zum gemütlichen Zusammensein ein. Familienbilder zieren die Wände, lustige Bilder – mir huscht ein breites Grinsen über die Lippen. Die Möbel im ganzen Haus sind dunkelbraun und alles ist geschmackvoll aufeinander abgestimmt.

Im nächsten Raum steht ein großes Doppelbett, ein altes massives Holzbett. Es sieht aus, als ob man wie auf Wolken gebettet ist. Die Bettdecke links ist aufgedeckt. Der weise Mann blickt mit einem herzerwärmten Blick zur großen Fensterfront, die man vom Bett aus sehen kann. Seine liebe Frau sitzt auf der Veranda, im Hintergrund das Meer.

Ich spüre Spaß und viel Liebe in diesem Haus. Der weise Mann hat mir oft von seiner Vision erzählt und hier in diesem Strandhaus, sieht es genauso aus.

Wir kommen in den Flur mit vier Türen, eine Tür führt in die erste Etage in die Gästezimmer, Arbeitszimmer, eine Tür zum Fotostudio seiner Frau, eine Tür zum Zimmer für Gäste und die vierte Tür auf die Terrasse. Direkt an der Veranda angrenzend zieren Steinplatten den Boden, wo drei Teenager in den chilligen Liegen ihre Zeit verbringen. Sie genießen die Sonne.

Andere nutzen den direkten Strandzugang. Angrenzend an die Liegen lädt direkt der warme Sandstrand zum Spazieren gehen ein. Wenige Schritte weiter befindet sich das Meer, was seine Wogen angenehm hin- und her wiegt. Es ist ein angenehmes Rauschen. Kinder beleben das

Haus. Espressoduft zusammen mit einer frischen Meeresbrise zieht durch die Luft.

Ich fühle mich unter Gleichgesinnten und angekommen. Ein Mann ruft: „Lorenzo komm' und setz' dich zu uns." Der weise Mann hört auf diesen Namen, und ich halte kurz inne.

Es war mir nie wichtig wie er heißt. Er ist einfach der weise Mann, der mein Leben verändert hat, mir eine andere Perspektive gegeben und mir mit seinen Fragen geholfen hat vom Kopf ins Herz zu kommen.

#Head2heart wie er es immer nennt. An einer Wand mit Fotos lese ich inspirierende Slogans wie z.B.:

Mach' deine Botschaft zum Ohrwurm der Menschen.

Eine Steinplatte ziert den Boden, wo ein Logo mit einer Rockhand abgebildet und mit folgender Schrift versehen ist:

Lorenzo Scibetta – Leadermacher.

Ich sitze da und schaue gedankenverloren aufs Meer. Ich frage mich, was wohl Roger gerade macht? Und genau in diesem Moment zerrt jemand an meinem Ärmel und ruft: „komm', lass uns Spaß haben." Meine Tochter reißt mich in einen Sog von Leichtigkeit, Leidenschaft und Spaß.

Ich bin frei, obwohl ich eine verantwortungsvolle Aufgabe mit der Unternehmensleitung von mittlerweile 100 Mitarbeitern, einem lieben Mann und einem zauberhaften Kind habe.

Die Definition von Freiheit ist wohl meine eigene.

Welche Werte hast du?

Was ist dir wichtig?

Was glaubst du, wie wirst du dich wohl fühlen, wenn du deinen Werten den Raum gibst, den sie brauchen? Stell dir vor, du gehst ehrlich durchs Leben, unterdrückst weder deine Emotionen noch deine Wünsche und Visionen, bist selbstbestimmt

Welche Wirkung hat es auf dich?

Möglicherweise fragst du dich, wie es mit Roger weitergegangen ist?

Roger sitzt gedankenverloren am Esstisch, neben ihm ein Stuhl mit schwarzer Lederlehne. Es ist ein lauer Morgen, kleine Tropfen perlen an der Fensterscheibe ab. Roger ist nicht wirklich hier, er ist tief in Gedanken versunken an diesem Ort, wo der Mann mit der Gitarre spielte und diese verrückte Frau tanzte.

Es spielt ein Song im Radio und er ist wie fixiert, es ist genau der Song, den der Mann gespielt hat.

Masken

Kennst du das Gefühl,

dass jeder Tag der Gleiche ist?

Fällt dir auf, dass du dir,

oft selber widersprichst?

Tagein, tagein, tagaus

Von vorn beginnt der Kreislauf

Und täglich, grüßt mich

dasselbe Scheißgesicht.

Roger dreht den Song leiser und ruft seinen Kumpel an: „Wollen wir weitermachen wie bisher, alles so lassen, wie es ist? Bist du glücklich mit deinem Leben?

Sein Kumpel Fred: „Was is'n mit dir los. Hast du getrunken??"

Roger: „Ich kann mich nicht mehr ertragen, mir selbst was vorzuspielen. Ich fühl' mich irgendwie verloren und doch hab' ich alles, was ich brauche.

Ich kann nicht abwarten, bis sich etwas verändert, ich weiß aber nicht, was ich verändern soll."

Fred: „Du bist doch nicht mehr ganz knusper. Du hast einen Hammer Job, einen geilen Schlitten und die Frauen laufen dir reihenweise hinterher. Was is'n los, Alter?"

Roger: „Ach, alles gut, mach dir keine Sorgen." Roger legt den Hörer auf und merkt wie allein er plötzlich ist. Wie ein Ohrwurm klingt der Song vom Lagerfeuer nach.

1.Strophe

Farblos ist dein Alltag
Und grauer als die Nacht
In der du kein Auge zumachst
von Stunde zu Stunde noch wach.
Und wieder, der dunkle Saft
Halt mich wach, mit deiner Kraft
Denn ohne dich
Schaff' ich die Tage nicht.

Refrain

Zieh das Kostüm aus
Und leg die Masken ab.
Nimm dir, was du willst
und zeige, wer du wirklich bist.

Komm aus deinen vier Wänden raus.
Hier draußen ist mehr für dich.
Strahle mit deinen Farben auf
und lebe dich so wie du bist.

Er schaut im Internet, was es so Neues gibt und ist im Bann.

Er ist überwältigt, was es alles gibt und er fühlt sich überladen, als er abends einschläft.

Er ist auf dem Weg, sich selbst zu finden. Mit Authentizität und Mut zieht er Menschen in sein Leben, die ihn begleiten. Marie und Lorenzo sind auch ein Teil davon. Roger ist glücklich Menschen zu haben, die schon dort sind, wo er hin möchte und freut sich auch sehr darüber, dass ihn Menschen begleiten, die er beim Wachsen unterstützen darf.

Der Song klingt weiter:

2. Strophe
Tag ein, tagein, tagaus
Dein leerer Blick schaut raus
Versteckst dich, mal wieder nicht,
wenn du Zuhause bist.

Grau der Staub, verraucht der Raum
Erstickst du noch immer nicht?
Man kennt dich nicht, du kennst hier nichts,

was hält dich hier, die Pflicht!?

Refrain

Zieh das Kostüm aus
Und leg die Masken ab.
Nimm dir, was du willst
und zeige, wer du wirklich bist.

Komm aus deinen vier Wänden raus.
Hier draußen ist mehr für dich.
Strahle mit deinen Farben auf
und lebe dich, so wie du bist.

3. Strophe
Auch wenn das Flaschengift
dein Freund scheint
für den ersten Augenblick
Und dir der Duft der Welt
vertraut scheint
lebst du immer noch nicht,
denn du trägst deine Maske mit dir,
deine Maske mit dir....

Ein Zirkus ohne dich
Darsteller bist du nicht
Schreibe dein eigenes Buch
Das Ende entscheidest du

Du läufst zu lange nur mit
Jetzt lebe endlich deinen Traum
es hält dich keiner fest
leg deine Maske weg

„Was von Herzen kommt, erreicht Herzen! Menschen folgen Menschen – keinen Skripten!

Finde deine Botschaft, und mach' sie zum Ohrwurm der Menschen.

Was ist das Schlimmste was passieren kann, wenn du genau wie bisher weitermachst?

Mal angenommen, du würdest das tun, was du immer gerne tun wolltest, wie wäre das?

Bei allem, was wir tun – nie vergessen und niemals nehmen lassen – SPASS."

„Mache dein Leben zu deinem Lieblingssong, und du wirst jeden Tag tanzen und
singen."

Danke, dass du dieses Buch gelesen hast.

Als kleines Dankeschön möchte ich dich einladen, mehr über mich und meine Arbeit zu erfahren.

Mehr Infos unter:

www.lorenzo-scibetta.de

Das Hörbuch – die nackte Wahrheit:

www.lorenzoscibetta.de/Offenbarung

Sichere dir ein kostenloses Beratungsgespräch mit mir und meinem Team unter:

www.lorenzo-scibetta.de/Session

Lebe deine Leidenschaft, sonst leidet was in dir Leben schafft.

Dein Lorenzo

Der LEADERMACHER

Zeitfracht Medien GmbH
Ferdinand-Jühlke-Straße 7
99095 Erfurt, Deutschland
produktsicherheit@kolibri360.de